江添亮の
詳説C++17

江添 亮 著

ASCII
DWANGO

本文中に記載されている社名および商品名は、一般に開発メーカーの登録商標です。
なお、本文中では ™・©・® 表示を明記しておりません。

はじめに

　本書は 2017 年に規格制定されたプログラミング言語 C++ の国際規格、ISO/IEC 14882:2017 の新機能をほぼすべて解説している。

　新しい C++17 は不具合を修正し、プログラマーの日々のコーディングを楽にする新機能がいくつも追加された。その結果、C++ の特徴であるパフォーマンスや静的型付けは損なうことなく、近年の動的な型の弱い言語に匹敵するほどの柔軟な記述を可能にしている。

　人によっては、新機能を学ぶのは労多くして益少なしと考えるかもしれぬが、C++ の新機能は現実の問題を解決するための便利な道具として追加されるもので、仮に機能を使わないとしても問題はなくならないため、便利な道具なく問題に対処しなければならぬ。また、C++ の機能は一般的なプログラマーにとって自然だと感じるように設計されているため、利用は難しくない。もし C++ が難しいと感じるのであれば、それは C++ が解決すべき現実の問題が難しいのだ。なんとなれば、我々は理想とは程遠い歪なアーキテクチャのコンピューターを扱う時代に生きている。CPU の性能上昇は停滞し、メモリは CPU に比べて遥かに遅く、しかもそのアクセスは定数時間ではない。キャッシュに収まる局所性を持つデータへの操作は無料同然で、キャッシュサイズの単位はすでに MB で数えられている。手のひらに乗る超低電力 CPU でさえマルチコアが一般的になり、並列処理、非同期処理は全プログラマーが考慮せねばならぬ問題になった。

　そのような時代にあたっては、かつては最良であった手法はその価値を失い、あるいは逆に悪い手法と成り下がる。同時に昔は現実的ではなかった手法が今ではかえってまともな方法になることさえある。このため、現在活発に使われている生きている言語は、常に時代に合わない機能を廃止し、必要な機能を追加する必要がある。C++ の発展はここで留まることなく、今後も C++ が使われ続ける限り、修正と機能追加が行われていくだろう。

　本書の執筆は Github 上で公開して行われた。

```
https://github.com/EzoeRyou/cpp17book
```

本書のライセンスは GPLv3 だ。

本書の執筆では株式会社ドワンゴと GitHub 上で Pull Request を送ってくれた多くの貢献者の協力によって、誤りを正し、より良い記述を実現できた。この場を借りて謝意を表したい。

本書に誤りを見つけたならば、Pull Request を送る先は

`https://github.com/EzoeRyou/cpp17book`

だ。

江添亮

序

0.1 C++ の規格

プログラミング言語 C++ は ISO の傘下で国際規格 ISO/IEC 14882 として制定されている。この規格は数年おきに改定されている。一般に C++ の規格を参照するときは、規格が制定した西暦の下二桁を取って、C++98（1998 年発行）とか C++11（2011 年発行）と呼ばれている。現在発行されている C++ の規格は以下のとおり。

0.1.1　C++98

C++98 は 1998 年に制定された最初の C++ の規格である。本来ならば 1994 年か 1995 年には制定させる予定が大幅にずれて、1998 年となった。

0.1.2　C++03

C++03 は C++98 の文面の曖昧な点を修正したマイナーアップデートとして 2003 年に制定された。新機能の追加はほとんどない。

0.1.3　C++11

C++11 は制定途中のドラフト段階では元 C++0x と呼ばれていた。これは、200x 年までに規格が制定される予定だったからだ。予定は大幅に遅れ、ようやく規格が制定されたときにはすでに 2011 年の年末になっていた。C++11 ではとても多くの新機能が追加された。

0.1.4　C++14

C++14 は 2014 年に制定された。C++11 の文面の誤りを修正した他、少し新機能が追加された。本書で解説する。

0.1.5 C++17

C++17 は 2017 年に制定されることが予定されている最新の C++ 規格で、本書で解説する。

0.2 C++ の将来の規格

0.2.1 C++20

C++20 は 2020 年に制定されることが予定されている次の C++ 規格だ。この規格では、モジュール、コンセプト、レンジ、ネットワークに注力することが予定されている。

0.3 コア言語とライブラリ

C++ の標準規格は、大きく分けて、C プリプロセッサーとコア言語とライブラリからなる。

C プリプロセッサーとは、C++ が C 言語から受け継いだ機能だ。ソースファイルをトークン列単位で分割して、トークン列の置換ができる。

コア言語とは、ソースファイルに書かれたトークン列の文法とその意味のことだ。

ライブラリとは、コア言語機能を使って実装されたもので、標準に提供されているものだ。標準ライブラリには、純粋にコア言語の機能のみで実装できるものと、それ以外の実装依存の方法やコンパイラーマジックが必要なものとがある。

目次

はじめに		iii
序		**v**
0.1	C++ の規格	v
	0.1.1　C++98	v
	0.1.2　C++03	v
	0.1.3　C++11	v
	0.1.4　C++14	v
	0.1.5　C++17	vi
0.2	C++ の将来の規格	vi
	0.2.1　C++20	vi
0.3	コア言語とライブラリ	vi
第 1 章	**SD-6 C++ のための機能テスト推奨**	**1**
1.1	機能テストマクロ	1
1.2	__has_include 式：ヘッダーファイルの存在を判定する	3
1.3	__has_cpp_attribute 式	4
第 2 章	**C++14 のコア言語の新機能**	**5**
2.1	二進数リテラル	5
2.2	数値区切り文字	5
2.3	[[deprecated]] 属性	6
2.4	通常の関数の戻り値の型推定	8
2.5	decltype(auto)：厳格な auto	9
2.6	ジェネリックラムダ	14
2.7	初期化ラムダキャプチャー	15
2.8	変数テンプレート	18
	2.8.1　意味は同じだが型が違う定数	21

	2.8.2 traits のラッパー	23
2.9	constexpr 関数の制限緩和	23
2.10	メンバー初期化子とアグリゲート初期化の組み合わせ	24
2.11	サイズ付き解放関数	25

第 3 章　C++17 のコア言語の新機能　　27

3.1	トライグラフの廃止	27
3.2	16 進数浮動小数点数リテラル	27
3.3	UTF-8 文字リテラル	28
3.4	関数型としての例外指定	29
3.5	fold 式	30
3.6	ラムダ式で *this のコピーキャプチャー	34
3.7	constexpr ラムダ式	38
3.8	文字列なし static_assert	39
3.9	ネストされた名前空間定義	40
3.10	[[fallthrough]] 属性	40
3.11	[[nodiscard]] 属性	42
3.12	[[maybe_unused]] 属性	44
3.13	演算子のオペランドの評価順序の固定	46
3.14	constexpr if 文：コンパイル時条件分岐	47
	3.14.1 実行時の条件分岐	47
	3.14.2 プリプロセス時の条件分岐	49
	3.14.3 コンパイル時の条件分岐	50
	3.14.4 超上級者向け解説	53
	3.14.5 constexpr if では解決できない問題	56
	3.14.6 constexpr if で解決できる問題	57
3.15	初期化文付き条件文	58
3.16	クラステンプレートのコンストラクターからの実引数推定	60
	3.16.1 推定ガイド	61
3.17	auto による非型テンプレートパラメーターの宣言	63
3.18	using 属性名前空間	63
3.19	非標準属性の無視	64
3.20	構造化束縛	65
	3.20.1 超上級者向け解説	69
	3.20.2 構造化束縛宣言の仕様	70
	3.20.3 初期化子の型が配列の場合	71

	3.20.4 初期化子の型が配列ではなく、std::tuple_size<E> が完全形 の名前である場合	73
	3.20.5 上記以外の場合	75
3.21	inline 変数	77
	3.21.1 inline の歴史的な意味	77
	3.21.2 現代の inline の意味	78
	3.21.3 inline 変数の意味	80
3.22	可変長 using 宣言	82
3.23	std::byte：バイトを表現する型	83

第 4 章　C++17 の型安全な値を格納するライブラリ　　87

4.1	variant：型安全な union	87
	4.1.1 使い方	87
	4.1.2 型非安全な古典的 union	88
	4.1.3 variant の宣言	90
	4.1.4 variant の初期化	90
	デフォルト初期化	90
	コピー初期化	91
	variant のコンストラクターに値を渡した場合	92
	in_place_type による emplace 構築	92
	4.1.5 variant の破棄	94
	4.1.6 variant の代入	94
	4.1.7 variant の emplace	94
	4.1.8 variant に値が入っているかどうかの確認	95
	valueless_by_exception メンバー関数	95
	index メンバー関数	96
	4.1.9 swap	97
	4.1.10 variant_size<T>：variant が保持できる型の数を取得	97
	4.1.11 variant_alternative<I, T>：インデックスから型を返す	98
	4.1.12 holds_alternative：variant が指定した型の値を保持しているかどうかの確認	99
	4.1.13 get<I>(v)：インデックスから値の取得	100
	4.1.14 get<T>(v)：型から値の取得	102
	4.1.15 get_if：値を保持している場合に取得	102
	4.1.16 variant の比較	103
	同一性の比較	103

ix

		大小比較 104
	4.1.17	visit：variant が保持している値を受け取る 106
4.2	any：どんな型の値でも保持できるクラス 107
	4.2.1	使い方 107
	4.2.2	any の構築と破棄 107
	4.2.3	in_place_type コンストラクター 108
	4.2.4	any への代入 108
	4.2.5	any のメンバー関数 109
		emplace 109
		reset：値の破棄 109
		swap：スワップ 110
		has_value：値を保持しているかどうか調べる 110
		type：保持している型の type_info を得る 111
	4.2.6	any のフリー関数 111
		make_any<T>：T 型の any を作る 111
		any_cast：保持している値の取り出し 112
4.3	optional：値を保有しているか、していないクラス 113
	4.3.1	使い方 113
	4.3.2	optional のテンプレート実引数 115
	4.3.3	optional の構築 115
	4.3.4	optional の代入 116
	4.3.5	optional の破棄 117
	4.3.6	swap 117
	4.3.7	has_value：値を保持しているかどうか確認する 117
	4.3.8	operator bool：値を保持しているかどうか確認する . . . 118
	4.3.9	value：保持している値を取得 119
	4.3.10	value_or：値もしくはデフォルト値を返す 119
	4.3.11	reset：保持している値を破棄する 120
	4.3.12	optional 同士の比較 120
		同一性の比較 120
		大小比較 121
	4.3.13	optional と std::nullopt との比較 122
	4.3.14	optional<T> と T の比較 122
	4.3.15	make_optional<T>：optional<T> を返す 123
	4.3.16	make_optional<T, Args ... >：optional<T> を in_place_type 構築して返す 123

第 5 章　string_view：文字列ラッパー　125
- 5.1　使い方 125
- 5.2　basic_string_view 127
- 5.3　文字列の所有、非所有 127
- 5.4　string_view の構築 130
  - 5.4.1　デフォルト構築 130
  - 5.4.2　null 終端された文字型の配列へのポインター 130
  - 5.4.3　文字型へのポインターと文字数 130
  - 5.4.4　文字列クラスからの変換関数 131
- 5.5　string_view の操作 132
  - 5.5.1　remove_prefix/remove_suffix：先頭、末尾の要素の削除 .. 134
- 5.6　ユーザー定義リテラル 134

第 6 章　メモリーリソース：動的ストレージ確保ライブラリ　137
- 6.1　メモリーリソース 137
  - 6.1.1　メモリーリソースの使い方 138
  - 6.1.2　メモリーリソースの作り方 139
- 6.2　polymorphic_allocator：動的ポリモーフィズムを実現するアロケーター 141
  - 6.2.1　コンストラクター 143
- 6.3　プログラム全体で使われるメモリーリソースの取得 143
  - 6.3.1　new_delete_resource() 143
  - 6.3.2　null_memory_resource() 144
  - 6.3.3　デフォルトリソース 144
- 6.4　標準ライブラリのメモリーリソース 145
- 6.5　プールリソース 147
  - 6.5.1　アルゴリズム 147
  - 6.5.2　synchronized/unsynchronized_pool_resource 149
  - 6.5.3　pool_options 150
  - 6.5.4　プールリソースのコンストラクター 151
  - 6.5.5　プールリソースのメンバー関数 151
    - release() 151
    - upstream_resource() 152
    - options() 152
- 6.6　モノトニックバッファーリソース 152
  - 6.6.1　アルゴリズム 153

	6.6.2 コンストラクター	155
	6.6.3 その他の操作	156
	release()	156
	upstream_resource()	156

第7章 並列アルゴリズム　　157

- 7.1 並列実行について　　157
- 7.2 使い方　　160
- 7.3 並列アルゴリズム詳細　　161
  - 7.3.1 並列アルゴリズム　　161
  - 7.3.2 ユーザー提供する関数オブジェクトの制約　　161
    - 実引数で与えられたオブジェクトを直接、間接に変更してはならない　　161
    - 実引数で与えられたオブジェクトの一意性に依存してはならない　　162
    - データ競合と同期　　163
  - 7.3.3 例外　　165
  - 7.3.4 実行ポリシー　　165
    - is_execution_policy traits　　166
    - シーケンス実行ポリシー　　166
    - パラレル実行ポリシー　　166
    - パラレル非シーケンス実行ポリシー　　167
    - 実行ポリシーオブジェクト　　167

第8章 数学の特殊関数群　　169

- 8.1 ラゲール多項式（Laguerre polynomials）　　170
- 8.2 ラゲール陪多項式（Associated Laguerre polynomials）　　170
- 8.3 ルジャンドル多項式（Legendre polynomials）　　170
- 8.4 ルジャンドル陪関数（Associated Legendre functions）　　171
- 8.5 球面ルジャンドル陪関数（Spherical associated Legendre functions）　　171
- 8.6 エルミート多項式（Hermite polynomials）　　172
- 8.7 ベータ関数（Beta function）　　172
- 8.8 第1種完全楕円積分（Complete elliptic integral of the first kind）　　173
- 8.9 第2種完全楕円積分（Complete elliptic integral of the second kind）　　173
- 8.10 第3種完全楕円積分（Complete elliptic integral of the third kind）　　173
- 8.11 第1種不完全楕円積分（Incomplete elliptic integral of the first kind）　　174

8.12	第 2 種不完全楕円積分（Incomplete elliptic integroal of the second kind）	174
8.13	第 3 種不完全楕円積分（Incomplete elliptic integral of the third kind）	175
8.14	第 1 種ベッセル関数（Cylindrical Bessel functions of the first kind）	175
8.15	ノイマン関数（Cylindrical Neumann functions）	175
8.16	第 1 種変形ベッセル関数（Regular modified cylindrical Bessel functions）	176
8.17	第 2 種変形ベッセル関数（Irregular modified cylindrical Bessel functions）	176
8.18	第 1 種球ベッセル関数（Spherical Bessel functions of the first kind）	177
8.19	球ノイマン関数（Spherical Neumann functions）	177
8.20	指数積分（Exponential integral）	178
8.21	リーマンゼータ関数（Riemann zeta function）	178

第 9 章 その他の標準ライブラリ　　179

9.1	ハードウェア干渉サイズ（キャッシュライン）	179
9.2	std::uncaught_exceptions	180
9.3	apply：tuple の要素を実引数に関数を呼び出す	182
9.4	Searcher：検索	183
	9.4.1　default_searcher	183
	9.4.2　boyer_moore_searcher	184
	9.4.3　boyer_moore_horspool_searcher	186
9.5	sample：乱択アルゴリズム	187
	9.5.1　乱択アルゴリズム	187
	9.5.2　アルゴリズム S：選択標本、要素数がわかっている集合からの標本の選択	190
	9.5.3　アルゴリズム R：保管標本、要素数がわからない集合からの標本の選択	191
	9.5.4　C++ の sample	193
9.6	shared_ptr<T[]>：配列に対する shared_ptr	197
9.7	as_const：const 性の付与	197
9.8	make_from_tuple：tuple の要素を実引数にコンストラクターを呼び出す	198
9.9	invoke：指定した関数を指定した実引数で呼び出す	199
9.10	not_fn：戻り値の否定ラッパー	200

- 9.11 メモリー管理アルゴリズム 201
  - 9.11.1 addressof 201
  - 9.11.2 uninitialized_default_construct 202
  - 9.11.3 uninitialized_value_construct 202
  - 9.11.4 uninitialized_copy 203
  - 9.11.5 uninitialized_move 203
  - 9.11.6 uninitialized_fill 204
  - 9.11.7 destroy 204
- 9.12 shared_ptr::weak_type 205
- 9.13 void_t 205
- 9.14 bool_constant 206
- 9.15 type_traits 206
  - 9.15.1 変数テンプレート版 traits 206
  - 9.15.2 論理演算 traits 207
    - conjunction：論理積 207
    - disjunction：論理和 207
    - negation：否定 208
  - 9.15.3 is_invocable：呼び出し可能か確認する traits 209
  - 9.15.4 has_unique_object_representations：同値の内部表現が同一か確認する traits 210
  - 9.15.5 is_nothrow_swappable：無例外 swap 可能か確認する traits 211
- 9.16 コンテナーで不完全型のサポート 211
- 9.17 emplace の戻り値 212
- 9.18 map と unordered_map の変更 212
  - 9.18.1 try_emplace 212
  - 9.18.2 insert_or_assign 214
- 9.19 連想コンテナーへの splice 操作 215
  - 9.19.1 merge 215
  - 9.19.2 ノードハンドル 217
  - 9.19.3 extract：ノードハンドルの取得 219
  - 9.19.4 insert：ノードハンドルから要素の追加 220
  - 9.19.5 ノードハンドルの利用例 224
    - ストレージの再確保なしに、コンテナーの一部の要素だけ別のコンテナーに移す 224
    - コンテナーの寿命を超えて要素を存続させる 224
    - map のキーを変更する 225

9.20	コンテナーアクセス関数	225
9.21	clamp	226
9.22	3次元 hypot	226
9.23	atomic<T>::is_always_lock_free	227
9.24	scoped_lock：可変長引数 lock_guard	227
9.25	std::byte	228
9.26	最大公約数（gcd）と最小公倍数（lcm）	228
	9.26.1 gcd：最大公約数	228
	9.26.2 lcm：最小公倍数	229

第10章 ファイルシステム 231

10.1	名前空間	231
10.2	POSIX 準拠	232
10.3	ファイルシステムの全体像	232
10.4	エラー処理	233
	10.4.1 例外	233
	10.4.2 非例外	234
10.5	path：ファイルパス文字列クラス	235
	10.5.1 path：ファイルパスの文字列	236
	10.5.2 ファイルパスの操作	241
10.6	file_status	242
10.7	directory_entry	245
10.8	directory_iterator	246
	10.8.1 エラー処理	247
10.9	recursive_directory_iterator	249
	10.9.1 オプション	249
	10.9.2 depth：深さ取得	250
	10.9.3 pop：現在のディレクトリーの列挙中止	251
	10.9.4 recursion_pending：現在のディレクトリーの再帰をスキップ	252
10.10	ファイルシステム操作関数	255
	10.10.1 ファイルパス取得	255
	current_path	255
	temp_directory_path	255
	10.10.2 ファイルパス操作	255
	absolute	255

xv

canonical ... 255
weakly_canonical ... 255
relative ... 256
proximate ... 256
10.10.3 作成 ... 256
create_directory ... 256
create_directories ... 257
create_directory_symlink ... 257
create_symlink ... 257
create_hard_link ... 258
10.10.4 コピー ... 258
copy_file ... 258
copy ... 258
copy_symlink ... 260
10.10.5 削除 ... 260
remove ... 260
remove_all ... 260
10.10.6 変更 ... 261
permissions ... 261
rename ... 262
resize_file ... 263
10.10.7 情報取得 ... 264
ファイルタイプの判定 ... 264
status ... 266
status_known ... 266
symlink_status ... 266
equivalent ... 266
exists ... 266
file_size ... 266
hard_link_count ... 267
last_write_time ... 267
read_symlink ... 269
space ... 269

索引 **271**

第1章
SD-6 C++ のための機能テスト推奨

C++17 には機能テストのための C プリプロセッサー機能が追加された。

1.1 機能テストマクロ

機能テストというのは、C++ の実装（C++ コンパイラー）が特定の機能をサポートしているかどうかをコンパイル時に判断できる機能だ。本来、C++17 の規格に準拠した C++ 実装は、C++17 の機能をすべてサポートしているべきだ。しかし、残念ながら現実の C++ コンパイラーの開発はそのようには行われていない。C++17 に対応途中の C++ コンパイラーは将来的にはすべての機能を実装することを目標としつつも、現時点では一部の機能しか実装していないという状態になる。

たとえば、C++11 で追加された rvalue リファレンスという機能に現実の C++ コンパイラーが対応しているかどうかをコンパイル時に判定するコードは以下のようになる。

```
#ifndef __USE_RVALUE_REFERENCES
  #if (__GNUC__ > 4 || __GNUC__ == 4 && __GNUC_MINOR__ >= 3) || \
      _MSC_VER >= 1600
    #if __EDG_VERSION__ > 0
      #define __USE_RVALUE_REFERENCES (__EDG_VERSION__ >= 410)
    #else
      #define __USE_RVALUE_REFERENCES 1
    #endif
  #elif __clang__
    #define __USE_RVALUE_REFERENCES __has_feature(cxx_rvalue_references)
  #else
```

```
    #define __USE_RVALUE_REFERENCES 0
  #endif
#endif
```

このそびえ立つクソのようなコードは現実に書かれている。このコードは GCC と MSVC と EDG と Clang という現実に使われている主要な 4 つの C++ コンパイラーに対応した rvalue リファレンスが実装されているかどうかを判定する機能テストコードだ。

この複雑なプリプロセッサーを解釈した結果、__USE_RVALUE_REFERENCES というプリプロセッサーマクロの値が、もし C++ コンパイラーが rvalue リファレンスをサポートしているならば 1、そうでなければ 0 となる。後は、このプリプロセッサーマクロで `#if` ガードしたコードを書く。

```
// 文字列を処理する関数
void process_string( std::string const & str ) ;

#if __USE_RVALUE_REFERENCES == 1
// 文字列をムーブして処理してよい実装の関数
// C++ コンパイラーが rvalue リファレンスを実装していない場合はコンパイルされない
void process_string( std::string && str ) ;
#endif
```

C++17 では、上のようなそびえ立つクソのようなコードを書かなくてもすむように、標準の機能テストマクロが用意された。C++ 実装が特定の機能をサポートしている場合、対応する機能テストマクロが定義される。機能テストマクロの値は、その機能が C++ 標準に採択された年と月を合わせた 6 桁の整数で表現される。

たとえば rvalue リファレンスの場合、機能テストマクロの名前は__cpp_rvalue _referencesとなっている。rvalue リファレンスは 2006 年 10 月に採択されたので、機能テストマクロの値は 200610 という値になっている。将来 rvalue リファレンスの機能が変更されたときは機能テストマクロの値も変更される。この値を調べることによって使っている C++ コンパイラーはいつの時代の C++ 標準の機能をサポートしているか調べることもできる。

この機能テストマクロを使うと、上のコードの判定は以下のように書ける。

```
// 文字列を処理する関数
void process_string( std::string const & str ) ;

#ifdef __cpp_rvalue_references
// 文字列をムーブして処理してよい実装の関数
```

```
// C++ コンパイラーが rvalue リファレンスを実装していない場合はコンパイルされない
void process_string( std::string && str ) ;
#endif
```

　機能テストマクロの値は通常は気にする必要がない。機能テストマクロが存在するかどうかで機能の有無を確認できるので、通常は `#ifdef` を使えばよい。

1.2　__has_include 式：ヘッダーファイルの存在を判定する

　__has_include 式は、ヘッダーファイルが存在するかどうかを調べるための機能だ。

```
__has_include( ヘッダー名 )
```

　__has_include 式はヘッダー名が存在する場合 1 に、存在しない場合 0 に置換される。

　たとえば、C++17 の標準ライブラリにはファイルシステムが入る。そのヘッダー名は `<filesystem>` だ。C++ コンパイラーがファイルシステムライブラリをサポートしているかどうかを調べるには、以下のように書く。

```
#if __has_include(<filesystem>)
// ファイルシステムをサポートしている
#include <filesystem>
namespace fs = std::filesystem ;
#else
// 実験的な実装を使う
#include <experimental/filesystem>
namespace fs = std::experimental::filesystem ;
#endif
```

　C++ 実装が __has_include をサポートしているかどうかは、__has_include の存在をプリプロセッサーマクロのように `#ifdef` で調べることによって判定できる。

```
#ifdef __has_include
// __has_include をサポートしている
#else
// __has_include をサポートしていない
#endif
```

　__has_include 式は `#if` と `#elif` の中でしか使えない。

```
int main()
{
    // エラー
    if ( __has_include(<vector>) )
    { }
}
```

1.3 __has_cpp_attribute 式

C++ 実装が特定の属性トークンをサポートしているかどうかを調べるには、__has_cpp_attribute 式が使える。

__has_cpp_attribute(属性トークン)

__has_cpp_attribute 式は、属性トークンが存在する場合は属性トークンが標準規格に採択された年と月を表す数値に、存在しない場合は 0 に置換される。

```
// [[nodiscard]] がサポートされている場合は使う
#if __has_cpp_attribute(nodiscard)
[[nodiscard]]
#endif
void * allocate_memory( std::size_t size ) ;
```

__has_include 式と同じく、__has_cpp_attribute 式も #if か #elif の中でしか使えない。#ifdef で__has_cpp_attribute 式の存在の有無を判定できる。

第2章
C++14 のコア言語の新機能

C++14 で追加された新機能は少ない。C++14 は C++03 と同じくマイナーアップデートという位置付けで積極的な新機能の追加は見送られたからだ。

2.1　二進数リテラル

二進数リテラルは整数リテラルを二進数で記述する機能だ。整数リテラルのプレフィクスに 0B もしくは 0b を書くと、二進数リテラルになる。整数を表現する文字は 0 と 1 しか使えない。

```
int main()
{
    int x1 = 0b0 ; // 0
    int x2 = 0b1 ; // 1
    int x3 = 0b10 ; // 2
    int x4 = 0b11001100 ; // 204
}
```

二進数リテラルは浮動小数点数リテラルには使えない。
機能テストマクロは __cpp_binary_literals、値は 201304。

2.2　数値区切り文字

数値区切り文字は、整数リテラルと浮動小数点数リテラルの数値をシングルクオート文字で区切ることができる機能だ。区切り桁は何桁でもよい。

```
int main()
{
    int x1 = 123'456'789 ;
```

```
    int x2 = 1'2'3'4'5'6'7'8'9 ;
    int x3 = 1'2345'6789 ;
    int x4 = 1'23'456'789 ;

    double x5 = 3.14159'26535'89793 ;
}
```

大きな数値を扱うとき、ソースファイルに 100000000 と 1000000000 と書かれていた場合、どちらが大きいのか人間の目にはわかりにくい。人間が読んでわかりにくいコードは間違いの元だ。数値区切りを使うと、100'000'000 と 1'000'000'000 のように書くことができる。これはわかりやすい。

他には、1 バイト単位で見やすいように区切ることもできる。

```
int main()
{
    unsigned int x1 = 0xde'ad'be'ef ;
    unsigned int x2 = 0b11011110'10101101'10111110'11101111 ;
}
```

数値区切りはソースファイルを人間が読みやすくするための機能で、数値に影響を与えない。

2.3　[[deprecated]] 属性

[[deprecated]] 属性は名前とエンティティが、まだ使えるものの利用は推奨されない状態であることを示すのに使える。[[deprecated]] 属性が指定できる名前とエンティティは、クラス、typedef 名、変数、非 static データメンバー、関数、名前空間、enum, enumerator, テンプレートの特殊化だ。

それぞれ以下のように指定できる。

```
// 変数
// どちらでもよい
[[deprecated]] int variable_name1 { } ;
int variable_name2 [[deprecated]] { } ;

// typedef 名
[[deprecated]] typedef int typedef_name1 ;
typedef int typedef_name2 [[deprecated]] ;
using typedef_name3 [[deprecated]] = int ;
```

```cpp
// 関数
// メンバー関数も同じ文法
// どちらでもよい
[[deprecated]] void function_name1() { }
void function_name2 [[deprecated]] () { }


// クラス
// union も同じ
class [[deprecated]] class_name
{
// 非 static データメンバー
[[deprecated]] int non_static_data_member_name ;
} ;

// enum
enum class [[deprecated]] enum_name
{
// enumerator
enumerator_name [[deprecated]] = 42
} ;


// 名前空間
namespace [[deprecated]] namespace_name { int x ; }

// テンプレートの特殊化

template < typename T >
class template_name { } ;

template < >
class [[deprecated]] template_name<void> { } ;
```

[[deprecated]] 属性が指定された名前やエンティティを使うと、C++ コンパイラーは警告メッセージを出す。

[[deprecated]] 属性には、文字列を付け加えることができる。これは C++ 実装

によっては警告メッセージに含まれるかもしれない。

```
[[deprecated("Use of f() is deprecated. Use f(int option) instead.")]]
void f() ;

void f( int option ) ;
```

機能テストマクロは `__has_cpp_attribute(deprecated)`，値は 201309。

2.4　通常の関数の戻り値の型推定

関数の戻り値の型として auto を指定すると、戻り値の型を return 文から推定してくれる。

```
// int ()
auto a(){ return 0 ; }
// double ()
auto b(){ return 0.0 ; }

// T(T)
template < typename T >
auto c(T t){ return t ; }
```

return 文の型が一致していないとエラーとなる。

```
auto f()
{
    return 0 ; // エラー、一致していない
    return 0.0 ; // エラー、一致していない
}
```

すでに型が決定できる return 文が存在する場合、関数の戻り値の型を参照するコードも書ける。

```
auto a()
{
    &a ; // エラー、a の戻り値の型が決定していない
    return 0 ;
}
```

```
auto b()
{
    return 0 ;
    &b ; // OK、戻り値の型は int
}
```

関数 a へのポインターを使うには関数 a の型が決定していなければならないが、return 文の前に型は決定できないので関数 a はエラーになる。関数 b は return 文が現れた後なので戻り値の型が決定できる。

再帰関数も書ける。

```
auto sum( unsigned int i )
{
    if ( i == 0 )
        return i ; // 戻り値の型は unsigned int
    else
        return sum(i-1)+i ; // OK
}
```

このコードも、return 文の順番を逆にすると戻り値の型が決定できずエラーとなるので注意。

```
auto sum( unsigned int i )
{
    if ( i != 0 )
        return sum(i-1)+i ; // エラー
    else
        return i ;
}
```

機能テストマクロは `__cpp_return_type_deduction`、値は 201304。

2.5 decltype(auto)：厳格な auto

警告：この項目は C++ 規格の詳細な知識を解説しているため極めて難解になっている。平均的な C++ プログラマーはこの知識を得てもよりよいコードが書けるようにはならない。この項目は読み飛ばすべきである。

decltype(auto) は auto 指定子の代わりに使える厳格な auto だ。利用には C++ の規格の厳格な理解が求められる。

autoとdecltype(auto)は型指定子と呼ばれる文法の一種で、プレイスホルダー型として使う。

わかりやすく言うと、具体的な型を式から決定する機能だ。

```
// a は int
auto a = 0 ;
// b は int
auto b() { return 0 ; }
```

変数宣言にプレイスホルダー型を使う場合、型を決定するための式は初期化子と呼ばれる部分に書かれる式を使う。関数の戻り値の型推定にプレイスホルダー型を使う場合、return文の式を使う。

decltype(auto)はautoの代わりに使うことができる。decltype(auto)も型を式から決定する。

```
// a は int
decltype(auto) a = 0 ;
// b は int
decltype(auto) b() { return 0 ; }
```

一見するとautoとdecltype(auto)は同じようだ。しかし、この2つは式から型を決定する方法が違う。どちらもC++の規格の極めて難しい規則に基づいて決定される。習得には熟練の魔法使いであることが要求される。

autoが式から型を決定するには、autoキーワードをテンプレートパラメーター名で置き換えた関数テンプレートの仮引数に、式を実引数として渡してテンプレート実引数推定を行わせた場合に推定される型が使われる。

たとえば

```
auto x = 0 ;
```

の場合は、

```
template < typename T >
void f( T u ) ;
```

のような関数テンプレートに対して、

```
f(0) ;
```

と実引数を渡したときにuの型として推定される型と同じ型になる。

```
int i ;
```

2.5 decltype(auto)：厳格な auto

```
auto const * x = &i ;
```

の場合には、

```
template < typename T >
void f( T const * u ) ;
```

のような関数テンプレートに

```
f(&i) ;
```

と実引数を渡したときに u の型として推定される型と同じ型になる。この場合は int const * になる。

　ここまでが auto の説明だ。decltype(auto) の説明は簡単だ。

　decltype(auto) の型は、auto を式で置き換えた decltype の型になる。

```
// int
decltype(auto) a = 0 ;

// int
decltype(auto) f() { return 0 ; }
```

　上のコードは、下のコードと同じ意味だ。

```
decltype(0) a = 0 ;
decltype(0) f() { return 0 ; }
```

　ここまでは簡単だ。そして、これ以降は黒魔術のような C++ の規格の知識が必要になってくる。

　auto と decltype(auto) は一見すると同じように見える。型を決定する方法として、auto は関数テンプレートの実引数推定を使い、decltype(auto) は decltype を使う。どちらも式を評価した結果の型になる。いったい何が違うというのか。

　主な違いは、auto は関数呼び出しを使うということだ。関数呼び出しの際にはさまざまな暗黙の型変換が行われる。

　たとえば、配列を関数に渡すと、暗黙の型変換の結果、配列の先頭要素へのポインターになる。

```
template < typename T >
void f( T u ) {}

int main()
```

```
{
    int array[5] ;
    // T は int *
    f( array ) ;
}
```

では auto と decltype(auto) を使うとどうなるのか。

```
int array[5] ;
// int *
auto x1 = array ;
// エラー、配列は配列で初期化できない
decltype(auto) x2 = array ;
```

このコードは、以下と同じ意味になる。

```
int array[5] ;
// int *
int * x1 = array ;
// エラー、配列は配列で初期化できない
int x2[5] = array ;
```

auto の場合、型は int * となる。配列は配列の先頭要素へのポインターへと暗黙に変換できるので、結果のコードは正しい。

decltype(auto) の場合、型は int [5] となる。配列は配列で初期化、代入ができないので、このコードはエラーになる。

関数型も暗黙の型変換により関数へのポインター型になる。

```
void f() ;

// 型は void(*)()
auto x1 = f ;
// エラー、関数型は変数にできない
decltype(auto) x2 = f ;
```

auto はトップレベルのリファレンス修飾子を消すが、decltype(auto) は保持する。

```
int & f()
{
    static int x ;
    return x ;
```

2.5 decltype(auto) : 厳格な auto

```
}

int main()
{
    // int
    auto x1 = f() ;
    // int &
    decltype(auto) x2 = f() ;
}
```

リスト初期化は auto では std::initializer_list だが、decltype(auto) では式ではないためエラー。

```
int main()
{
    // std::initializer_list<int>
    auto x1 = { 1,2,3 } ;
    // エラー、decltype({1,2,3}) はできない
    decltype(auto) x2 = { 1,2,3 } ;
}
```

decltype(auto) は単体で使わなければならない。

```
// OK
auto const x1 = 0 ;
// エラー
decltype(auto) const x2 = 0 ;
```

この他にも auto と decltype(auto) にはさまざまな違いがある。すべての違いを列挙するのは煩雑なので省略するが、decltype(auto) は式の型を直接使う。auto はたいていの場合は便利な型の変換が入る。

auto は便利でたいていの場合はうまくいくが暗黙の型の変換が入るため、意図どおりの推定をしてくれないことがある。

たとえば、引数でリファレンスを受け取り、戻り値でそのリファレンスを返す関数を書くとする。以下のように書くのは間違いだ。

```
// int ( int & )
auto f( int & ref )
{ return ref ; }
```

13

なぜならば、戻り値の型は式の型から変化して int になってしまうからだ。ここで decltype(auto) を使うと、

```
// int & ( int & )
decltype(auto) f( int & ref )
{ return ref ; }
```

式の型をそのまま使ってくれる。

ラムダ式に decltype(auto) を使う場合は以下のように書く。

```
[]() -> decltype(auto) { return 0 ; } ;
```

decltype(auto) は主に関数の戻り値の型推定で式の型をそのまま推定してくれるようにするために追加された機能だ。その利用には C++ の型システムの深い理解が必要になる。

機能テストマクロは __cpp_decltype_auto, 値は 201304。

2.6 ジェネリックラムダ

ジェネリックラムダはラムダ式の引数の型を書かなくてもすむようにする機能だ。通常のラムダ式は以下のように書く。

```
int main()
{
    []( int i, double d, std::string s ) { } ;
}
```

ラムダ式の引数には型が必要だ。しかし、クロージャーオブジェクトの operator () に渡す型はコンパイル時にわかる。コンパイル時にわかるということはわざわざ人間が指定する必要はない。ジェネリックラムダを使えば、引数の型を書くべき場所に auto キーワードを書くだけで型を推定してくれる。

```
int main()
{
    []( auto i, auto d, auto s ) { } ;
}
```

ジェネリックラムダ式の結果のクロージャー型には呼び出しごとに違う型を渡すことができる。

```
int main()
```

```
    {
        auto f = []( auto x ) { std::cout << x << '\n' ; } ;

        f( 123 ) ; // int
        f( 12.3 ) ; // double
        f( "hello" ) ; // char const *
    }
```

仕組みは簡単で、以下のようなメンバーテンプレートの`operator ()`を持ったクロージャーオブジェクトが生成されているだけだ。

```
    struct closure_object
    {
        template < typename T >
        auto operator () ( T x )
        {
            std::cout << x << '\n' ;
        }
    } ;
```

機能テストマクロは`__cpp_generic_lambdas`、値は201304。

2.7 初期化ラムダキャプチャー

初期化ラムダキャプチャーはラムダキャプチャーする変数の名前と式を書くことができる機能だ。

ラムダ式は書かれた場所から見えるスコープの変数をキャプチャーする。

```
    int main()
    {
        int x = 0 ;
        auto f = [=]{ return x ; } ;
        f() ;
    }
```

初期化ラムダキャプチャーはラムダキャプチャーに初期化子を書くことができる機能だ。

```
    int main()
    {
```

```
    int x = 0 ;
    [ x = x, y = x, &ref = x, x2 = x * 2 ]
    {// キャプチャーされた変数を使う
        x ;
        y ;
        ref ;
        x2 ;
    } ;
}
```

初期化ラムダキャプチャーは、"識別子 = expr"という文法でラムダ導入子 [] の中に書く。するとあたかも "auto 識別子 = expr ;" と書いたかのように変数が作られる。これによりキャプチャーする変数の名前を変えたり、まったく新しい変数を宣言することができる。

初期化ラムダキャプチャーの識別子の前に & を付けると、リファレンスキャプチャー扱いになる。

```
int main()
{
    int x = 0 ;
    [ &ref = x ]()
    {
        ref = 1 ;
    }() ;

    // x は 1
}
```

初期化ラムダキャプチャーが追加された理由には変数の名前を変えたりまったく新しい変数を導入したいという目的の他に、非 static データメンバーをコピーキャプチャーするという目的がある。

以下のコードには問題があるが、わかるだろうか。

```
struct X
{
    int data = 42 ;

    auto get_closure_object()
    {
```

```cpp
        return [=]{ return data ; } ;
    }
} ;


int main()
{
    std::function< int() > f ;

    {
        X x ;
        f = x.get_closure_object() ;
    }

    std::cout << f() << std::endl ;
}
```

`X::get_closure_object` は `X::data` を返すクロージャーオブジェクトを返す。

```cpp
auto get_closure_object()
{
    return [=]{ return data ; } ;
}
```

これを見ると、コピーキャプチャーである `[=]` を使っているので、`data` はクロージャーオブジェクト内にコピーされているように思える。しかし、ラムダ式は非 `static` データメンバーをキャプチャーしてはいない。ラムダ式がキャプチャーしているのは `this` ポインターだ。上のコードと下のコードは同じ意味になる。

```cpp
auto get_closure_object()
{
    return [this]{ return this->data ; } ;
}
```

さて、`main` 関数をもう一度見てみよう。

```cpp
int main()
{
    // クロージャーオブジェクトを代入するための変数
    std::function< int() > f ;
```

```
    {
        X x ; // x が構築される
        f = x.get_closure_object() ;
        // x が破棄される
    }

    // すでに x は破棄された
    // return &x->data で破棄された x を参照する
    std::cout << f() << std::endl ;
}
```

なんと、すでに破棄されたオブジェクトへのリファレンスを参照してしまっている。これは未定義の動作だ。

初期化ラムダキャプチャーを使えば、非 static データメンバーもコピーキャプチャーできる。

```
auto get_closure_object()
{
    return [data=data]{ return data ; } ;
}
```

なお、ムーブキャプチャーは存在しない。ムーブというのは特殊なコピーなので初期化ラムダキャプチャーがあれば実現できるからだ。

```
auto f()
{
    std::string str ;
    std::cin >> str ;
    // ムーブ
    return [str = std::move(str)]{ return str ; } ;
}
```

機能テストマクロは __cpp_init_captures、値は 201304。

2.8 変数テンプレート

変数テンプレートとは変数宣言をテンプレート宣言にできる機能だ。

```
template < typename T >
```

2.8 変数テンプレート

```
T variable { } ;

int main()
{
    variable<int> = 42 ;
    variable<double> = 1.0 ;
}
```

これだけではわからないだろうから、順を追って説明する。

C++ ではクラスを宣言できる。

```
class X
{
    int member ;
} ;
```

C++ ではクラスをテンプレート宣言できる。型テンプレートパラメーターは型として使える。

```
template < typename T >
class X
{
public :
    T member ;
} ;

int main()
{
    X<int> i ;
    i.member = 42 ; // int

    X<double> d ;
    d.member = 1.0 ; // double
}
```

C++ では関数を宣言できる。

```
int f( int x )
{ return x ; }
```

C++では関数をテンプレート宣言できる。型テンプレートパラメーターは型として使える。

```
template < typename T >
T f( T x )
{ return x ; }

int main()
{
    auto i = f( 42 ) ; // int
    auto d = f( 1.0 ) ; // double
}
```

C++11では`typedef`名を宣言するためにエイリアス宣言ができる。

```
using type = int ;
```

C++11ではエイリアス宣言をテンプレート宣言できる。型テンプレートパラメーターは型として使える。

```
template < typename T >
using type = T ;

int main()
{
    type<int> i = 42 ; // int
    type<double> d = 1.0 ; // double
}
```

そろそろパターンが見えてきたのではないだろうか。C++では一部の宣言はテンプレート宣言できるということだ。このパターンを踏まえて以下を考えてみよう。

C++では変数を宣言できる。

```
int variable{} ;
```

C++14では変数宣言をテンプレート宣言できる。型テンプレートパラメーターは型として使える。

```
template < typename T >
T variable { } ;
```

2.8 変数テンプレート

```
int main()
{
    variable<int> = 42 ;
    variable<double> = 1.0 ;
}
```

変数テンプレートは名前どおり変数宣言をテンプレート宣言できる機能だ。変数テンプレートはテンプレート宣言なので、名前空間スコープとクラススコープの中にしか書くことができない。

```
// これはグローバル名前空間スコープという特別な名前空間スコープ

namespace ns {
// 名前空間スコープ
}

class
{
// クラススコープ
} ;
```

変数テンプレートの使い道は主に2つある。

2.8.1 意味は同じだが型が違う定数

プログラムでマジックナンバーを変数化しておくのは良い作法であるとされている。たとえば円周率を 3.14... などと書くよりも pi という変数名で扱ったほうがわかりやすい。変数化すると、円周率の値が後で変わったときにプログラムを変更するのも楽になる。

```
constexpr double pi = 3.1415926535 ;
```

しかし、円周率を表現する型が複数ある場合どうすればいいのか。よくあるのは名前を分ける方法だ。

```
constexpr float pi_f = 3.1415 ;
constexpr double pi_d = 3.1415926535 ;
constexpr int pi_i = 3 ;
// 任意の精度の実数を表現できるクラスとする
const Real pi_r("3.14159265358979323846264338327
9") ;
```

しかしこれは、使う側で型によって名前を変えなければならない。

```
// 円の面積を計算する関数
template < typename T >
T calc_area( T r )
{
    // Tの型によって使うべき名前が変わる
    return r * r * ??? ;
}
```

関数テンプレートを使うという手がある。

```
template < typename T >
constexpr T pi()
{
    return static_cast<T>(3.1415926535) ;
}


template < >
Real pi()
{
    return Real("3.1415926535897932384626433832795") ;
}


template < typename T >
T calc_area( T r )
{
    return r * r * pi<T>() ;
}
```

しかし、この場合引数は何もないのに関数呼び出しのための()が必要だ。変数テンプレートを使うと以下のように書ける。

```
template < typename T >
constexpr T pi = static_cast<T>(3.1415926535) ;

template < >
Real pi<Real>("3.1415926535897932384626433832795") ;
```

```
template < typename T >
T calc_area( T r )
{
    return r * r * pi<T> ;
}
```

2.8.2 traits のラッパー

値を返す traits で値を得るには ::value と書かなければならない。

```
std::is_pointer<int>::value ;
std::is_same< int, int >::value ;
```

C++14 では std::integral_constant に constexpr operator bool が追加されたので、以下のようにも書ける。

```
std::is_pointer<int>{} ;
std::is_same< int, int >{} ;
```

しかしまだ面倒だ。変数テンプレートを使うと traits の記述が楽になる。

```
template < typename T >
constexpr bool is_pointer_v = std::is_pointer<T>::value ;
template < typename T, typename U >
constexpr bool is_same_v = std::is_same<T, U>::value ;

is_pointer_v<int> ;
is_same_v< int, int > ;
```

C++ の標準ライブラリでは従来の traits ライブラリを変数テンプレートでラップした _v 版を用意している。

機能テストマクロは __cpp_variable_templates, 値は 201304。

2.9 constexpr 関数の制限緩和

C++11 で追加された constexpr 関数はとても制限が強い。constexpr 関数の本体には実質 return 文 1 つしか書けない。

C++14 では、ほとんど何でも書けるようになった。

```
constexpr int f( int x )
```

```
    {
        // 変数を宣言できる
        int sum = 0 ;

        // 繰り返し文を書ける
        for ( int i = 1 ; i < x ; ++i )
        {
            // 変数を変更できる
            sum += i ;
        }

        return sum ;
    }
```

機能テストマクロは `__cpp_constexpr`, 値は 201304。

C++11 の constexpr 関数に対応しているが C++14 の constexpr 関数に対応していない C++ 実装では、`__cpp_constexpr` マクロの値は 200704 になる。

2.10 メンバー初期化子とアグリゲート初期化の組み合わせ

C++14 ではメンバー初期化子とアグリゲート初期化が組み合わせられるようになった。

メンバー初期化子とはクラスの非 static データメンバーを = で初期化できる C++11 の機能だ。

```
struct S
{
    // メンバー初期化子
    int data = 123 ;
} ;
```

アグリゲート初期化とはアグリゲートの条件を満たす型をリスト初期化で初期化できる C++11 の機能だ。

```
struct S
{
    int x, y, z ;
} ;
```

```
S s = { 1,2,3 } ;
// s.x == 1, s.y == 2, s.z == 3
```

C++11 ではメンバー初期化子を持つクラスはアグリゲート型の条件を満たさないのでアグリゲート初期化ができない。

C++14 では、この制限が緩和された。

```
struct S
{
    int x, y=1, z ;
} ;

S s1 = { 1 } ;
// s1.x == 1, s1.y == 1, s1.z == 0

S s2{ 1,2,3 } ;
// s2.x == 1, s2.y == 2, s2.z == 3
```

アグリゲート初期化で、メンバー初期化子を持つ非 static データメンバーに対応する値がある場合はアグリゲート初期化が優先される。省略された場合はメンバー初期化子で初期化される。アグリゲート初期化でもメンバー初期化子でも明示的に初期化されていない非 static データメンバーは空の初期化リストで初期化された場合と同じになる。

機能テストマクロは __cpp_aggregate_nsdmi、値は 201304。

2.11 サイズ付き解放関数

C++14 では operator delete のオーバーロードに、解放すべきストレージのサイズを取得できるオーバーロードが追加された。

```
void operator delete   ( void *, std::size_t ) noexcept ;
void operator delete[] ( void *, std::size_t ) noexcept ;
```

第二引数は std::size_t 型で、第一引数で指定されたポインターが指す解放すべきストレージのサイズが与えられる。

たとえば以下のように使える。

```
void * operator new ( std::size_t size )
{
```

```cpp
    void * ptr =  std::malloc( size ) ;

    if ( ptr == nullptr )
        throw std::bad_alloc() ;

    std::cout << "allocated storage of size: " << size << '\n' ;
    return ptr ;
}

void operator delete ( void * ptr, std::size_t size ) noexcept
{
    std::cout << "deallocated storage of size: " << size << '\n' ;
    std::free( ptr ) ;
}

int main()
{
    auto u1 = std::make_unique<int>(0) ;
    auto u2 = std::make_unique<double>(0.0) ;
}
```

機能テストマクロは `__cpp_sized_deallocation`, 値は 201309。

第3章
C++17のコア言語の新機能

C++14の新機能のおさらいが終わったところで、いよいよC++17のコア言語の新機能を解説していく。

C++17のコア言語の新機能には、C++11ほどの大きなものはない。

3.1　トライグラフの廃止

C++17ではトライグラフが廃止された。

トライグラフを知らない読者はこの変更を気にする必要はない。トライグラフを知っている読者はなおさら気にする必要はない。

3.2　16進数浮動小数点数リテラル

C++17では浮動小数点数リテラルに16進数を使うことができるようになった。

16進数浮動小数点数リテラルは、プレフィクス `0x` に続いて仮数部を16進数（`0123456789abcdefABCDEF`）で書き、`p`もしくは`P`に続けて指数部を10進数で書く。

```
double d1 = 0x1p0 ; // 1
double d2 = 0x1.0p0 ; // 1
double d3 = 0x10p0 ; // 16
double d4 = 0xabcp0 ; // 2748
```

指数部は`e`ではなく`p`か`P`を使う。

```
double d1 = 0x1p0 ;
double d2 = 0x1P0 ;
```

16進数浮動小数点数リテラルでは、指数部を省略できない。

```
int a = 0x1 ; // 整数リテラル
0x1.0 ; // エラー、指数部がない
```

指数部は 10 進数で記述する。16 進数浮動小数点数リテラルは仮数部に 2 の指数部乗を掛けた値になる。つまり、

```
0xNpM
```

という浮動小数点数リテラルの値は

$$N \times 2^M$$

となる。

```
0x1p0 ; // 1
0x1p1 ; // 2
0x1p2 ; // 4
0x10p0 ; // 16
0x10p1 ; // 32
0x1p-1 ; // 0.5
0x1p-2 ; // 0.25
```

16 進数浮動小数点数リテラルには浮動小数点数サフィックスを記述できる。

```
auto a = 0x1p0f ; // float
auto b = 0x1p0l ; // long double
```

16 進数浮動小数点数リテラルは、浮動小数点数が表現方法の詳細を知っている環境（たとえば IEEE–754）で、正確な浮動小数点数の表現が記述できるようになる。

機能テストマクロは `__cpp_hex_float`, 値は 201603。

3.3 UTF-8 文字リテラル

C++17 では UTF-8 文字リテラルが追加された。

```
char c = u8'a' ;
```

UTF-8 文字リテラルは文字リテラルにプレフィクス u8 を付ける。UTF-8 文字リテラルは UTF-8 のコード単位 1 つで表現できる文字を扱うことができる。UCS の規格としては、C0 制御文字と基本ラテン文字 Unicode ブロックが該当する。UTF-8 文字リテラルに書かれた文字が複数の UTF-8 コード単位を必要とする場合はエラーとなる。

```
// エラー
// U+3042 は UTF-8 は 0xE3，0x81，0x82 という 3 つのコード単位で表現する必要が
// あるため
u8'あ' ;
```

機能テストマクロはない。

3.4　関数型としての例外指定

C++17 では例外指定が関数型に組み込まれた。

例外指定とは `noexcept` のことだ。`noexcept` と `noexcept(true)` が指定された関数は例外を外に投げない。

C++14 ではこの例外指定は型システムに入っていなかった。そのため、無例外指定の付いた関数へのポインター型は型システムで無例外を保証することができなかった。

```
// C++14 のコード
void f()
{
    throw 0 ;
}

int main()
{
    // 無例外指定の付いたポインター
    void (*p)() noexcept = &f ;

    // 無例外指定があるにもかかわらず例外を投げる
    p() ;
}
```

C++17 では例外指定が型システムに組み込まれた。例外指定のある関数型を例外指定のない関数へのポインター型に変換することはできる。逆はできない。

```
// 型は void()
void f() { }
// 型は void() noexcept
void g() noexcept { }
```

```
// OK
// p1，&f は例外指定のない関数へのポインター型
void (*p1)() = &f ;
// OK
// 例外指定のある関数へのポインター型&g を例外指定のない関数へのポインター型 p2
// に変換できる
void (*p2)() = &g ; // OK

// エラー
// 例外指定のない関数へのポインター型&f は例外指定のある関数へのポインター型 p3
// に変換できない
void (*p3)() noexcept = &f ;

// OK
// p4，&g は例外指定のある関数へのポインター型
void (*p4)() noexcept = &g ;
```

機能テストマクロは `__cpp_noexcept_function_type`，値は 201510。

3.5 fold 式

C++17 には fold 式が入った。fold は元は数学の概念で畳み込みとも呼ばれている。

C++ における fold 式とはパラメーターパックの中身に二項演算子を適用するための式だ。

今、可変長テンプレートを使って受け取った値をすべて加算した合計を返す関数 sum を書きたいとする。

```
template < typename T, typename ... Types >
auto sum( T x, Types ... args ) ;

int main()
{
    int result = sum(1,2,3,4,5,6,7,8,9) ; // 45
}
```

このような関数テンプレート sum は以下のように実装することができる。

```
template < typename T >
```

3.5 fold 式

```
auto sum( T x )
{
    return x ;
}

template < typename T, typename ... Types >
auto sum( T x, Types ... args )
{
    return x + sum( args... )  ;
}
```

sum(x, args) は 1 番目の引数を x で、残りをパラメーターパック args で受け取る。そして、x + sum(args ...) を返す。すると、sum(args ...) はまた sum(x, args) に渡されて、1 番目の引数、つまり最初から見て 2 番目の引数が x に入り、また sum が呼ばれる。このような再帰的な処理を繰り返していく。

そして、引数が 1 つだけになると、可変長テンプレートではない sum が呼ばれる。これは重要だ。なぜならば可変長テンプレートは 0 個の引数を取ることができるので、そのまま可変長テンプレート版の sum が呼ばれてしまうと、次の sum の呼び出しができずにエラーとなる。これを回避するために、また再帰の終了条件のために、引数が 1 つの sum のオーバーロード関数を書いておく。

可変長テンプレートでは任意個の引数に対応するために、このような再帰的なコードが必須になる。

しかし、ここで実現したいこととは N 個あるパラメーターパック args の中身に対して、仮に N 番目を args#N とする表記を使うと、args#0 + args#1 + ... + args#N-1 のような展開をしたいだけだ。C++17 の fold 式はパラメーターパックに対して二項演算子を適用する展開を行う機能だ。

fold 式を使うと sum は以下のように書ける。

```
template < typename ... Types >
auto sum( Types ... args )
{
    return ( ... + args )  ;
}
```

(... + args) は、args#0 + args#1 + ... + args#N-1 のように展開される。

fold 式には、単項 fold 式と二項 fold 式がある。そして、演算子の結合順序に合わせて左 fold と右 fold がある。

fold 式は必ず括弧で囲まなければならない。

```
template < typename ... Types >
auto sum( Types ... args )
{
    // fold式
    ( ... + args )  ;
    // エラー、括弧がない
    ... + args ;
}
```

単項fold式の文法は以下のいずれかになる。

単項右fold
(cast-expression fold-operator ...)
単項左fold
(... fold-operator cast-expression)

例:

```
template < typename ... Types >
void f( Types ... args )
{
    // 単項左fold
    ( ... + args )  ;
    // 単項右fold
    ( args + ... ) ;
}
```

cast-expressionには未展開のパラメーターパックが入っていなければならない。

例:

```
template < typename T >
T f( T x ) { return x ; }

template < typename ... Types >
auto g( Types ... args )
{
    // f(args#0) + f(args#1) + ... + f(args#N-1)
    return ( ... + f(args) )  ;
}
```

3.5 fold 式

これは f(args) というパターンが展開される。

fold-operator には以下のいずれかの二項演算子を使うことができる。

```
+    -    *    /    %    ^    &    |    <<   >>
+=   -=   *=   /=   %=   ^=   &=   |=   <<=  >>=
==   !=   <    >    <=   >=   &&   ||   ,    .*   ->*
```

fold 式には左 fold と右 fold がある。

左 fold 式の (... op pack) では、展開結果は (((pack#0 op pack#1) op pack#2) ... op pack#N-1) となる。右 fold 式の (pack op ...) では、展開結果は (pack#0 op (pack#1 op (pack#2 op (... op pack#N-1)))) となる。

```
template < typename ... Types >
void sum( Types ... args )
{
    // 左 fold
    // ((((1+2)+3)+4)+5)
    auto left = ( ... + args ) ;
    // 右 fold
    // (1+(2+(3+(4+5))))
    auto right = ( args + ... ) ;
}

int main()
{
    sum(1,2,3,4,5) ;
}
```

浮動小数点数のような交換法則を満たさない型に fold 式を適用する際には注意が必要だ。

二項 fold 式の文法は以下のいずれかになる。

(cast-expression fold-operator ... fold-operator cast-expression)

左右の cast-expression のどちらか片方だけに未展開のパラメーターパックが入っていなければならない。2 つの fold-operator は同じ演算子でなければならない。

(e1 op1 ... op2 e2) という二項 fold 式があったとき、e1 にパラメーターパックがある場合は二項右 fold 式、e2 にパラメーターパックがある場合は二項左 fold 式になる。

```
template < typename ... Types >
void sum( Types ... args )
{
    // 左 fold
    // (((((0+1)+2)+3)+4)+5)
    auto left = ( 0 + ... + args ) ;
    // 右 fold
    // (1+(2+(3+(4+(5+0)))))
    auto right = ( args + ... + 0 ) ;
}

int main()
{
    sum(1,2,3,4,5) ;
}
```

fold式はパラメーターパックのそれぞれに二項演算子を適用したいときにわざわざ複雑な再帰的テンプレートを書かずにすむ方法を提供してくれる。

機能テストマクロは `__cpp_fold_expressions`、値は 201603。

3.6 ラムダ式で *this のコピーキャプチャー

C++17ではラムダ式で *this をコピーキャプチャーできるようになった。 *this をコピーキャプチャーするには、ラムダキャプチャーに *this と書く。

```
struct X
{
    int data = 42 ;
    auto get()
    {
        return [*this]() { return this->data ; } ;
    }
} ;

int main()
{
    std::function < int () > f ;
    {
```

3.6 ラムダ式で *this のコピーキャプチャー

```
        X x ;
        f = x.get() ;
    }// x の寿命はここまで

    // コピーされているので問題ない
    int data = f() ;
}
```

コピーキャプチャーする *this はラムダ式が書かれた場所の *this だ。
また、以下のようなコードで挙動の違いを見るとわかりやすい。

```
struct X
{
    int data = 0 ;
    void f()
    {
        // this はポインターのキャプチャー
        // data は this ポインターをたどる
        [this]{ data = 1 ; }() ;

        // this->data は 1

        // エラー、*this はコピーされている
        // クロージャーオブジェクトのコピーキャプチャーされた変数は
        // デフォルトで変更できない
        [*this]{ data = 2 ; } () ;

        // OK、mutable を使っている

        [*this]() mutable { data = 2 ; } () ;

        // this->data は 1
        // 変更されたのはコピーされたクロージャーオブジェクト内の*this
    }
} ;
```

最初のラムダ式で生成されるクロージャーオブジェクトは以下のようなものだ。

```
class closure_object
{
```

```
    X * this_ptr ;

public :
    closure_object( X * this_ptr )
        : this_ptr(this_ptr) { }

    void operator () () const
    {
        this_ptr->data = 1 ;
    }
} ;
```

2番目のラムダ式では以下のようなクロージャーオブジェクトが生成される。

```
class closure_object
{
    X this_obj ;
    X const * this_ptr = &this_obj ;

public :
    closure_object( X const & this_obj )
        : this_obj(this_obj) { }

    void operator () () const
    {
        this_ptr->data = 2 ;
    }
} ;
```

これは C++ の文法に従っていないのでやや苦しいコード例だが、コピーキャプチャーされた値を変更しようとしているためエラーとなる。

3番目のラムダ式では以下のようなクロージャーオブジェクトが生成される。

```
class closure_object
{
    X this_obj ;
    X * this_ptr = &this_obj ;

public :
    closure_object( X const & this_obj )
```

3.6 ラムダ式で *this のコピーキャプチャー

```
        : this_obj(this_obj) { }

    void operator () ()
    {
        this_ptr->data = 2 ;
    }
} ;
```

ラムダ式に mutable が付いているのでコピーキャプチャーされた値も変更できる。

*this をコピーキャプチャーした場合、this キーワードはコピーされたオブジェクトへのポインターになる。

```
struct X
{
    int data = 42 ;
    void f()
    {
        // this はこのメンバー関数 f を呼び出したオブジェクトへのアドレス
        std::printf("%p\n", this) ;

        // this はコピーされた別のオブジェクトへのアドレス
        [*this](){ std::printf("%p\n", this) ; }() ;
    }
} ;

int main()
{
    X x ;
    x.f() ;
}
```

この場合、出力される 2 つのポインターの値は異なる。

ラムダ式での *this のコピーキャプチャーは名前どおり *this のコピーキャプチャーを提供する提案だ。同等の機能は初期化キャプチャーでも可能だが、表記が冗長で間違いの元だ。

```
struct X
{
    int data ;
```

```
        auto f()
        {
            return [ tmp = *this ] { return tmp.data ; } ;
        }
    } ;
```

機能テストマクロは `__cpp_capture_star_this`, 値は 201603。

3.7　constexpr ラムダ式

C++17 ではラムダ式が constexpr になった。より正確に説明すると、ラムダ式のクロージャーオブジェクトの operator () は条件を満たす場合 constexpr になる。

```
int main()
{
    auto f = []{ return 42 ; } ;

    constexpr int value = f() ; // OK
}
```

constexpr の条件を満たすラムダ式はコンパイル時定数を必要とする場所で使うことができる。たとえば constexpr 変数や配列の添字や static_assert などだ。

```
int main()
{
    auto f = []{ return 42 ; } ;

    int a[f()] ;
    static_assert( f() == 42 ) ;
    std::array<int, f()> b ;
}
```

constexpr の条件を満たすのであれば、キャプチャーもできる。

```
int main()
{
    int a = 0 ; // 実行時の値
    constexpr int b = 0 ; // コンパイル時定数
```

```
    auto f = [=]{ return a ; } ;
    auto g = [=]{ return b ; } ;

    // エラー、constexpr の条件を満たさない
    constexpr int c = f() ;

    // OK、constexpr の条件を満たす
    constexpr int d = g() ;
}
```

以下の内容は上級者向けの解説であり、通常の読者は理解する必要がない。
constexpr ラムダ式は SFINAE の文脈で使うことができない。

```
// エラー
template < typename T,
    bool b = []{
        T t ;
        t.func() ;
        return true ;
    }() ; >
void f()
{
    T t ;
    t.func() ;
}
```

なぜならば、これを許してしまうとテンプレート仮引数に対して任意の式や文がテンプレートの Substitution に失敗するかどうかをチェックできてしまうからだ。

上級者向けの解説終わり。

機能テストマクロは __cpp_constexpr, 値は 201603。

__cpp_constexpr マクロの値は、C++11 の時点で 200704、C++14 の時点で 201304 だ。

3.8 文字列なし static_assert

C++17 では static_assert に文字列リテラルを取らないものが追加された。

```
static_assert( true ) ;
```

C++11で追加されたstatic_assertには、文字列リテラルが必須だった。

```
static_assert( true, "this shall not be asserted." ) ;
```

特に文字列を指定する必要がない場合もあるので、文字列リテラルを取らないstatic_assertが追加された。

機能テストマクロは__cpp_static_assert、値は201411。

C++11の時点で__cpp_static_assertの値は200410。

3.9 ネストされた名前空間定義

C++17ではネストされた名前空間の定義を楽に書ける。

ネストされた名前空間とは、A::B::Cのように名前空間の中に名前空間が入っている名前空間のことだ。

```
namespace A {
    namespace B {
        namespace C {
            // ...
        }
    }
}
```

C++17では、上記のコードと同じことを以下のように書ける。

```
namespace A::B::C {
// ...
}
```

機能テストマクロは__cpp_nested_namespace_definitions、値は201411。

3.10 [[fallthrough]]属性

[[fallthrough]]属性はswitch文の中のcaseラベルを突き抜けるというヒントを出すのに使える。

switch文では対応するcaseラベルに処理が移る。通常、以下のように書く。

```
void f( int x )
{
    switch ( x )
```

3.10 [[fallthrough]] 属性

```
    {
    case 0 :
        // 処理 0
        break ;
    case 1 :
        // 処理 1
        break ;
    case 2 :
        // 処理 2
        break ;
    default :
        // x がいずれでもない場合の処理
        break ;
    }
}
```

この例を以下のように書くと

```
case 1 :
    // 処理 1
case 2 :
    // 処理 2
    break ;
```

x が 1 のときは処理 1 を実行した後に、処理 2 も実行される。switch 文を書くときはこのような誤りを書いてしまうことがある。そのため、賢い C++ コンパイラーは switch 文の case ラベルで break 文や return 文などで処理が終わらず、次の case ラベルや default ラベルに処理に突き抜けるコードを発見すると、警告メッセージを出す。

しかし、プログラマーの意図がまさに突き抜けて処理してほしい場合、警告メッセージは誤った警告となってしまう。そのような警告メッセージを抑制するため、またコード中に処理が突き抜けるという意図をわかりやすく記述するために、[[fallthrough]] 属性が追加された。

```
case 1 :
    // 処理 1
    [[fallthrough]]
case 2 :
    // 処理 2
```

41

```
    break ;
```

[[fallthrough]]属性を書くと、C++コンパイラーは処理がその先に突き抜けることがわかるので、誤った警告メッセージを抑制できる。また、他人がコードを読むときに意図が明らかになる。

機能テストマクロは `__has_cpp_attribute(fallthrough)`、値は 201603。

3.11 [[nodiscard]] 属性

[[nodiscard]]属性は関数の戻り値が無視されてほしくないときに使うことができる。[[nodiscard]]属性が付与された関数の戻り値を無視すると警告メッセージが表示される。

```
[[nodiscard]] int f()
{
    return 0 ;
}

void g( int ) { }

int main()
{
    // エラー、戻り値が無視されている
    f() ;

    // OK、戻り値は無視されていない
    int result = f() ;
    g( f ) ;
    f() + 1 ;
    (void) f() ;
}
```

戻り値を無視する、というのは万能ではない。上の例でも、意味的には戻り値は無視されていると言えるが、コンパイラーはこの場合に戻り値が無視されているとは考えない。

[[nodiscard]]の目的は、戻り値を無視してほしくない関数をユーザーが利用したときの初歩的な間違いを防ぐためにある。void型にキャストするような意図的な戻り値の無視まで防ぐようには作られていない。

3.11 [[nodiscard]] 属性

[[nodiscard]] 属性を使うべき関数は、戻り値を無視してほしくない関数だ。どのような関数が戻り値を無視してほしくないかというと大きく2つある。

戻り値をエラーなどのユーザーが確認しなければならない情報の通知に使う関数。

```
enum struct error_code
{
    no_error, some_operations_failed,  serious_error
} ;

// 失敗するかもしれない処理
error_code do_something_that_may_fail()
{
    // 処理

    if ( is_error_condition() )
        return error_code::serious_error ;

    // 処理

    return error_code::no_error ;
}

// エラーがいっさい発生しなかったときの処理
int do_something_on_no_error() ;

int main()
{
    // エラーを確認していない
    do_something_that_may_fail() ;

    // エラーがない前提で次の処理をしようとする
    do_something_on_no_error() ;
}
```

関数に [[nodiscard]] 属性を付与しておけば、このようなユーザー側の初歩的なエラー確認の欠如に警告メッセージを出せる。

[[nodiscard]] 属性は、クラスと enum にも付与することができる。

```
class [[nodiscard]] X { } ;
```

```
enum class [[nodiscard]] Y { } ;
```

[[nodiscard]]が付与されたクラスかenumが戻り値の型である関数は[[nodiscard]]が付与された扱いとなる。

```
class [[nodiscard]] X { } ;

X f() { return X{} ; }

int main()
{
    // 警告、戻り値が無視されている
    f() ;
}
```

機能テストマクロは`__has_cpp_attribute(nodiscard)`, 値は201603。

3.12　[[maybe_unused]]属性

[[maybe_unused]]属性は名前やエンティティが意図的に使われないことを示すのに使える。

現実のC++のコードでは、宣言されているのにソースコードだけを考慮するとどこからも使われていないように見える名前やエンティティが存在する。

```
void do_something( int *, int * ) ;

void f()
{
    int x[5] ;
    char reserved[1024] = { } ;
    int y[5] ;

    do_something( x, y ) ;
}
```

ここでreservedという名前はどこからも使われていない。一見すると不必要な名前に見える。優秀なC++コンパイラーはこのようなどこからも使われていない名前に対して「どこからも使われていない」という警告メッセージを出す。

しかし、コンパイラーから見えているソースコードがプログラムのすべてではな

3.12 [[maybe_unused]] 属性

い。さまざまな理由で reserved のような一見使われていない変数が必要になる。

たとえば、reserved はスタック破壊を検出するための領域かもしれない。プログラムは C++ 以外の言語で書かれたコードとリンクしていて、そこで使われるのかもしれない。あるいは OS や外部デバイスが読み書きするメモリーとして確保しているのかもしれない。

どのような理由にせよ、名前やエンティティが一見使われていないように見えるが存在が必要であるという意味を表すのに、[[maybe_unused]] 属性を使うことができる。これにより、C++ コンパイラーの「未使用の名前」という警告メッセージを抑制できる。

```
[[maybe_unused]] char reserved[1024] ;
```

[[maybe_unused]] 属性を適用できる名前とエンティティの宣言は、クラス、typedef 名、変数、非 static データメンバー、関数、enum, enumerator だ。

```
// クラス
class [[maybe_unused]] class_name
{
// 非 static データメンバー
    [[maybe_unused]] int non_static_data_member ;

} ;


// typedef 名
// どちらでもよい
[[maybe_unused]] typedef int typedef_name1 ;
typedef int typedef_name2 [[maybe_unused]] ;

// エイリアス宣言によるtypedef 名
using typedef_name3 [[maybe_unused]] = int ;

// 変数
// どちらでもよい
[[maybe_unused]] int variable_name1{};
int variable_name2 [[maybe_unused]] { } ;

// 関数
// メンバー関数も同じ文法
// どちらでもよい
```

```
[[maybe_unused]] void function_name1() { }
void function_name2 [[maybe_unused]] () { }

enum [[maybe_unused]] enum_name
{
// enumerator
    enumerator_name [[maybe_unused]] = 0
} ;
```

機能テストマクロは `__has_cpp_attribute(maybe_unused)`、値は 201603

3.13 演算子のオペランドの評価順序の固定

C++17 では演算子のオペランドの評価順序が固定された。

以下の式は、a, b の順番に評価されることが規格上保証される。@= の @ には文法上許される任意の演算子が入る（+=, -= など）。

```
a.b
a->b
a->*b
a(b1,b2,b3)
b = a
b @= a
a[b]
a << b
a >> b
```

つまり、

```
int* f() ;
int g() ;

int main()
{
    f()[g()] ;
}
```

と書いた場合、関数 f がまず先に呼び出されて、次に関数 g が呼び出されることが保証される。

関数呼び出しの実引数のオペランド b1, b2, b3 の評価順序は未規定のままだ。これにより、既存の未定義の動作となっていたコードの挙動が定まる。

3.14　constexpr if 文：コンパイル時条件分岐

constexpr if 文はコンパイル時の条件分岐ができる機能だ。
constexpr if 文は、通常の if 文を if constexpr で置き換える。

```
// if 文
if ( expression )
    statement ;

// constexpr if 文
if constexpr ( expression )
    statement ;
```

constexpr if 文という名前だが、実際に記述するときは if constexpr だ。
コンパイル時の条件分岐とは何を意味するのか。以下は constexpr if が行わないものの一覧だ。

- 最適化
- 非テンプレートコードにおける挙動の変化

コンパイル時の条件分岐の機能を理解するには、まず C++ の既存の条件分岐について理解する必要がある。

3.14.1　実行時の条件分岐

通常の実行時の条件分岐は、実行時の値を取り、実行時に条件分岐を行う。

```
void f( bool runtime_value )
{
    if ( runtime_value )
        do_true_thing() ;
    else
        do_false_thing() ;
}
```

この場合、runtime_value が true の場合は関数 do_true_thing が呼ばれ、false の場合は関数 do_false_thing が呼ばれる。

実行時の条件分岐の条件には、コンパイル時定数を指定できる。

```
if ( true )
    do_true_thing() ;
else
    do_false_thing() ;
```

この場合、賢いコンパイラーは以下のように処理を最適化するかもしれない。

```
do_true_thing() ;
```

なぜならば、条件は常に true だからだ。このような最適化は実行時の条件分岐でもコンパイル時に行える。コンパイル時の条件分岐はこのような最適化が目的ではない。

もう一度コード例に戻ろう。今度は完全なコードを見てみよう。

```
// do_true_thing の宣言
void do_true_thing() ;

// do_false_thing の宣言は存在しない

void f( bool runtime_value )
{
    if ( true )
        do_true_thing() ;
    else
        do_false_thing() ; // エラー
}
```

このコードはエラーになる。その理由は、do_false_thing という名前が宣言されていないからだ。C++ コンパイラーは、コンパイル時にコードを以下の形に変形することで最適化することはできるが、

```
void do_true_thing() ;

void f( bool runtime_value )
{
    do_true_thing() ;
}
```

最適化の結果失われたものも、依然としてコンパイル時にコードとして検証はされる。コードとして検証されるということは、コードとして誤りがあればエラーとなる。名前 `do_false_thing` は宣言されていないのでエラーとなる。

3.14.2 プリプロセス時の条件分岐

C++ が C 言語から受け継いだ C プリプロセッサーには、プリプロセス時の条件分岐の機能がある。

```
// do_true_thing の宣言
void do_true_thing() ;

// do_false_thing の宣言は存在しない

void f( bool runtime_value )
{

#if true
    do_true_thing() ;
#else
    do_false_thing() ;
#endif
}
```

このコードは、プリプロセスの結果、以下のように変換される。

```
void do_true_thing() ;

void f( bool runtime_value )
{
    do_true_thing() ;
}
```

この結果、プリプロセス時の条件分岐では、選択されない分岐はコンパイルされないので、コンパイルエラーになるコードも書くことができる。

プリプロセス時の条件分岐は、条件が整数とか bool 型のリテラルか、リテラルに比較演算子を適用した結果ではうまくいく。しかし、プリプロセス時とはコンパイル時ではないので、コンパイル時計算はできない。

```
constexpr int f()
```

```
{
    return 1 ;
}

void do_true_thing() ;

int main()
{
// エラー
// 名前 f はプリプロセッサーマクロではない
#if f()
    do_true_thing() ;
#else
    do_false_thing() ;
#endif
}
```

3.14.3 コンパイル時の条件分岐

コンパイル時の条件分岐とは、分岐の条件にコンパイル時計算の結果を使い、かつ、選択されない分岐にコンパイルエラーが含まれていても、使われないのでコンパイルエラーにはならない条件分岐のことだ。

たとえば、std::distance という標準ライブラリを実装してみよう。std::distance(first, last) は、イテレーター first と last の距離を返す。

```
template < typename Iterator >
constexpr typename std::iterator_traits<Iterator>::difference_type
distance( Iterator first, Iterator last )
{
    return last - first ;
}
```

残念ながら、この実装は Iterator がランダムアクセスイテレーターの場合にしか動かない。入力イテレーターに対応させるには、イテレーターを1つずつインクリメントして last と等しいかどうか比較する実装が必要になる。

```
template < typename Iterator >
constexpr typename std::iterator_traits<Iterator>::difference_type
distance( Iterator first, Iterator last )
```

3.14 constexpr if 文：コンパイル時条件分岐

```
{
    typename std::iterator_traits<Iterator>::difference_type n = 0 ;

    while ( first != last )
    {
        ++n ;
        ++first ;
    }

    return n ;
}
```

残念ながら、この実装は Iterator にランダムアクセスイテレーターを渡したときに効率が悪い。

ここで必要な実装は、Iterator がランダムアクセスイテレーターならば last - first を使い、そうでなければ地道にインクリメントする遅い実装を使うことだ。Iterator がランダムアクセスイテレーターかどうかは、以下のコードを使えば、is_random_access_iterator<iterator> で確認できる。

```
template < typename Iterator >
constexpr bool is_random_access_iterator =
    std::is_same_v<
        typename std::iterator_traits<
            std::decay_t<Iterator>
        >::iterator_category,
        std::random_access_iterator_tag > ;
```

すると、distance は以下のように書けるのではないか。

```
// ランダムアクセスイテレーターかどうかを判定するコード
template < typename Iterator >
constexpr bool is_random_access_iterator =
    std::is_same_v<
        typename std::iterator_traits<
            std::decay_t<Iterator>
        >::iterator_category,
        std::random_access_iterator_tag > ;

// distance
```

```
template < typename Iterator >
constexpr typename std::iterator_traits<Iterator>::difference_type
distance( Iterator first, Iterator last )
{
    // ランダムアクセスイテレーターかどうか確認する
    if ( is_random_access_iterator<Iterator> )
    {// ランダムアクセスイテレーターなので速い方法を使う
        return last - first ;
    }
    else
    { // ランダムアクセスイテレーターではないので遅い方法を使う
        typename std::iterator_traits<Iterator>::difference_type n = 0 ;

        while ( first != last )
        {
            ++n ;
            ++first ;
        }

        return n ;
    }
}
```

残念ながら、このコードは動かない。ランダムアクセスイテレーターではないイテレーターを渡すと、`last - first` というコードがコンパイルされるので、コンパイルエラーになる。コンパイラーは、

```
if ( is_random_access_iterator<Iterator> )
```

という部分について、`is_random_access_iterator<Iterator>` の値はコンパイル時に計算できるので、最終的なコード生成の結果としては、if (true) か if (false) になると判断できる。したがってコンパイラーは選択されない分岐のコード生成を行わないことはできる。しかしコンパイルはするので、コンパイルエラーになる。

constexpr if を使うと、選択されない部分の分岐はコンパイルエラーであってもコンパイルエラーとはならなくなる。

```
// distance
template < typename Iterator >
constexpr typename std::iterator_traits<Iterator>::difference_type
```

3.14 constexpr if 文：コンパイル時条件分岐

```
distance( Iterator first, Iterator last )
{
    // ランダムアクセスイテレーターかどうか確認する
    if constexpr ( is_random_access_iterator<Iterator> )
    {// ランダムアクセスイテレーターなので速い方法を使う
        return last - first ;
    }
    else
    { // ランダムアクセスイテレーターではないので遅い方法を使う
        typename std::iterator_traits<Iterator>::difference_type n = 0 ;

        while ( first != last )
        {
            ++n ;
            ++first ;
        }

        return n ;
    }
}
```

3.14.4 超上級者向け解説

constexpr if は、実はコンパイル時条件分岐ではない。テンプレートの実体化時に、選択されないブランチのテンプレートの実体化の抑制を行う機能だ。

constexpr if によって選択されない文は discarded statement となる。discarded statement はテンプレートの実体化の際に実体化されなくなる。

```
struct X
{
   int get() { return 0 ; }
} ;

template < typename T >
int f(T x)
{
    if constexpr ( std::is_same_v< std::decay_t<T>, X > )
        return x.get() ;
    else
```

```cpp
        return x ;

}

int main()
{
    X x ;
    f( x ) ; // return x.get()
    f( 0 ) ; // return x
}
```

f(x) では、return x が discarded statement となるため実体化されない。X は int 型に暗黙に変換できないが問題がなくなる。f(0) では return x.get() が discarded statement となるため実体化されない。int 型にはメンバー関数 get はないが問題はなくなる。

discarded statement は実体化されないだけで、もちろんテンプレートのエンティティの一部だ。discarded statement がテンプレートのコードとして文法的、意味的に正しくない場合は、もちろんコンパイルエラーとなる。

```cpp
template < typename T >
void f( T x )
{
    // エラー、名前g は宣言されていない
    if constexpr ( false )
        g() ;

    // エラー、文法違反
    if constexpr ( false )
        !#$%^&*()_+ ;
}
```

何度も説明しているように、constexpr if はテンプレートの実体化を条件付きで抑制するだけだ。条件付きコンパイルではない。

```cpp
template < typename T >
void f()
{
    if constexpr ( std::is_same_v<T, int> )
    {
```

```
        // 常にコンパイルエラー
        static_assert( false ) ;
    }
}
```

このコードは常にコンパイルエラーになる。なぜならば、`static_assert( false )`はテンプレートに依存しておらず、テンプレートの宣言を解釈するときに、依存名ではないから、そのまま解釈される。

このようなことをしたければ、最初から`static_assert`のオペランドに式を書けばよい。

```
template < typename T >
void f()
{
    static_assert( std::is_same_v<T, int> ) ;

    if constexpr ( std::is_same_v<T, int> )
    {
    }
}
```

もし、どうしても constexpr 文の条件に合うときにだけ static_assert が使いたい場合もある。これは、constexpr if をネストしたりしていて、その内容を全部 static_assert に書くのが冗長な場合だ。

```
template < typename T >
void f()
{
    if constexpr ( E1 )
        if constexpr ( E2 )
            if constexpr ( E3 )
            {
                // E1 && E2 && E3 のときにコンパイルエラーにしたい
                // 実際には常にコンパイルエラー
                static_assert( false ) ;
            }
}
```

現実には、E1, E2, E3 は複雑な式なので、`static_assert( E1 && E2 && E3 )`と書くのは冗長だ。同じ内容を二度書くのは間違いの元だ。

このような場合、static_assert のオペランドをテンプレート引数に依存するようにすると、constexpr if の条件に合うときにだけ発動する static_assert が書ける。

```
template < typename ... >
bool false_v = false ;

template < typename T >
void f()
{
    if constexpr ( E1 )
        if constexpr ( E2 )
            if constexpr ( E3 )
            {
                static_assert( false_v<T> ) ;
            }
}
```

このように false_v を使うことで、static_assert をテンプレート引数 T に依存させる。その結果、static_assert の発動をテンプレートの実体化まで遅延させることができる。

constexpr if は非テンプレートコードでも書くことができるが、その場合は普通の if 文と同じだ。

3.14.5　constexpr if では解決できない問題

constexpr if は条件付きコンパイルではなく、条件付きテンプレート実体化の抑制なので、最初の問題の解決には使えない。たとえば以下のコードはエラーになる。

```
// do_true_thing の宣言
void do_true_thing() ;

// do_false_thing の宣言は存在しない

void f( bool runtime_value )
{
    if constexpr ( true )
        do_true_thing() ;
    else
        do_false_thing() ; // エラー
}
```

3.14 constexpr if 文：コンパイル時条件分岐

理由は、名前 do_false_thing は非依存名なのでテンプレートの宣言時に解決されるからだ。

3.14.6 constexpr if で解決できる問題

constexpr if は依存名が関わる場合で、テンプレートの実体化がエラーになる場合に、実体化を抑制させることができる。

たとえば、特定の型に対して特別な操作をしたい場合

```
struct X
{
    int get_value() ;
} ;

template < typename T >
void f(T t)
{

    int value{} ;

    // T の型が X ならば特別な処理を行いたい
    if constexpr ( std::is_same<T, X>{} )
    {
        value = t.get_value() ;
    }
    else
    {
        value = static_cast<int>(t) ;
    }
}
```

もし constexpr if がなければ、T の型が X ではないときも t.get_value() という式が実体化され、エラーとなる。

再帰的なテンプレートの特殊化をやめさせたいとき

```
// factorial<N>は N の階乗を返す
template < std::size_t I >
constexpr std::size_t factorial()
{
    if constexpr ( I == 1 )
```

57

```
        { return 1 ; }
        else
        { return I * factorial<I-1>() ; }
}
```

もし constexpr if がなければ、factorial<N-1> が永遠に実体化されコンパイル時ループが停止しない。

機能テストマクロは __cpp_if_constexpr, 値は 201606。

3.15 初期化文付き条件文

C++17 では、条件文に初期化文を記述できるようになった。

```
if ( int x = 1 ; x )
    /*...*/ ;

switch( int x = 1 ; x )
{
    case 1 :
        /*... */;
}
```

これは、以下のコードと同じ意味になる。

```
{
    int x = 1 ;
    if ( x ) ;
}

{
    int x = 1 ;
    switch( x )
    {
        case 1 : ;
    }
}
```

なぜこのような機能が追加されたかというと、変数を宣言し、if 文の条件に変数を使い、if 文を実行後は変数を使用しない、というパターンは現実のコードで頻出する

からだ。

```
void * ptr = std::malloc(10) ;
if ( ptr != nullptr )
{
    // 処理
    std::free(ptr) ;
}
// これ以降 ptr は使わない

FILE * file = std::fopen("text.txt", "r") ;
if ( file != nullptr )
{
    // 処理
    std::fclose( file ) ;
}
// これ以降 file は使わない

auto int_ptr = std::make_unique<int>(42) ;
if ( ptr )
{
    // 処理
}
// これ以降 int_ptr は使わない
```

上記のコードには問題がある。これ以降変数は使わないが、変数自体は使えるからだ。

```
auto ptr = std::make_unique<int>(42) ;
if ( ptr )
{
    // 処理
}
// これ以降 ptr は使わない

// でも使える
int value = *ptr ;
```

変数を使えないようにするには、ブロックスコープで囲むことで、変数をスコープから外してやればよい。

```
{
    auto int_ptr = std::make_unique<int>(42) ;
    if ( ptr )
    {
        // 処理
    }
    // ptr は破棄される
}
// これ以降 ptr は使わないし使えない
```

このようなパターンは頻出するので、初期化文付きの条件文が追加された。

```
if ( auto ptr = std::make_unique<int>(42) ; ptr )
{
    // 処理
}
```

3.16　クラステンプレートのコンストラクターからの実引数推定

　C++17ではクラステンプレートのコンストラクターの実引数からテンプレート実引数の推定が行えるようになった。

```
template < typename T >
struct X
{
    X( T t ) { }
} ;

int main()
{
    X x1(0) ; // X<int>
    X x2(0.0) ; // X<double>
    X x3("hello") ; // X<char const *>
}
```

　これは関数テンプレートが実引数からテンプレート実引数の推定が行えるのと同じだ。

```
template < typename T >
```

3.16 クラステンプレートのコンストラクターからの実引数推定

```
void f( T t ) { }

int main()
{
    f( 0 ) ; // f<int>
    f( 0.0 ) ; // f<double>
    f( "hello" ) ; // f<char const *>
}
```

3.16.1 推定ガイド

クラステンプレートのコンストラクターからの実引数は便利だが、クラスのコンストラクターはクラステンプレートのテンプレートパラメーターに一致しない場合もある。そのような場合はそのままでは実引数推定ができない。

```
// コンテナー風のクラス
template < typename T >
class Container
{
    std::vector<T> c ;
public :
    // 初期化にイテレーターのペアを取る
    // Iterator は T ではない
    // T は推定できない
    template < typename Iterator >
    Container( Iterator first, Iterator last )
        : c( first, last )
    { }
} ;


int main()
{
    int a[] = { 1,2,3,4,5 } ;

    // エラー
    // T を推定できない
    Container c( std::begin(a), std::end(a) ) ;
}
```

このため、C++17には推定ガイドという機能が提供されている。

```
テンプレート名 ( 引数リスト ) -> テンプレート id ;
```

これを使うと、以下のように書ける。

```
template < typename Iterator >
Container( Iterator, Iterator )
    -> Container< typename std::iterator_traits< Iterator >::value_type > ;
```

C++ コンパイラーはこの推定ガイドを使って、Container<T>::Container(Iterator, Iterator)からは、T を std::iterator_traits<Iterator>::value_type として推定すればいいのだと判断できる。

たとえば、初期化リストに対応するには以下のように書く。

```
template < typename T >
class Container
{
    std::vector<T> c ;
public :

    Container( std::initializer_list<T> init )
        : c( init )
    { }
} ;



template < typename T >
Container( std::initializer_list<T> ) -> Container<T> ;


int main()
{
    Container c = { 1,2,3,4,5 } ;
}
```

C++ コンパイラーはこの推定ガイドから、Container<T>::Container(std::initializer_list<T>)の場合はTをTとして推定すればよいことがわかる。

機能テストマクロは `__cpp_deduction_guides`, 値は 201606。

3.17 auto による非型テンプレートパラメーターの宣言

C++17 では非型テンプレートパラメーターの宣言に auto を使うことができるようになった。

```
template < auto x >
struct X { } ;

void f() { }

int main()
{
    X<0> x1 ;
    X<0l> x2 ;
    X<&f> x3 ;
}
```

これは C++14 までであれば、以下のように書かなければならなかった。

```
template < typename T, T x >
struct X { } ;

void f() { }

int main()
{
    X<int, 0> x1 ;
    X<long, 0l> x2 ;
    X<void(*)(), &f> x3 ;
}
```

機能テストマクロは __cpp_template_auto、値は 201606。

3.18 using 属性名前空間

C++17 では、属性名前空間に using ディレクティブのような記述ができるようになった。

```
// [[extension::foo, extension::bar]] と同じ
[[ using extension : foo, bar ]] int x ;
```

属性トークンには、属性名前空間を付けることができる。これにより、独自拡張の属性トークンの名前の衝突を避けることができる。

たとえば、ある C++ コンパイラーには独自拡張として foo, bar という属性トークンがあり、別の C++ コンパイラーも同じく独自拡張として foo, bar という属性トークンを持っているが、それぞれ意味が違っている場合、コードの意味も違ってしまう。

```
[[ foo, bar ]] int x ;
```

このため、C++ には属性名前空間という文法が用意されている。注意深い C++ コンパイラーは独自拡張の属性トークンには属性名前空間を設定していることだろう。

```
[[ extension::foo, extension::bar ]] int x ;
```

問題は、これをいちいち記述するのは面倒だということだ。

C++17 では、using 属性名前空間という機能により、using ディレクティブのような名前空間の省略が可能になった。文法は using ディレクティブと似ていて、属性の中で using name : ... と書くことで、コロンに続く属性トークンに、属性名前空間 name を付けたものと同じ効果が得られる。

3.19 非標準属性の無視

C++17 では、非標準の属性トークンは無視される。

```
// OK、無視される
[[ wefapiaofeaofjaopfij ]] int x ;
```

属性は C++ コンパイラーによる独自拡張を C++ の規格に準拠する形で穏便に追加するための機能だ。その属性のためにコンパイルエラーになった場合、けっきょく C プリプロセッサーを使うか、わずらわしさから独自の文法が使われてしまう。そのためこの機能は必須だ。

3.20 構造化束縛

C++17 で追加された構造化束縛は多値を分解して受け取るための変数宣言の文法だ。

```cpp
int main()
{
    int a[] = { 1,2,3 } ;
    auto [b,c,d] = a ;

    // b == 1
    // c == 2
    // d == 3
}
```

C++ では、さまざまな方法で多値を扱うことができる。たとえば配列、クラス、tuple, pair だ。

```cpp
int a[] = { 1,2,3 } ;
struct B
{
    int a ;
    double b ;
    std::string c ;
} ;

B b{ 1, 2.0, "hello" } ;

std::tuple< int, double, std::string > c { 1, 2.0, "hello" } ;

std::pair< int, int > d{ 1, 2 } ;
```

C++ の関数は配列以外の多値を返すことができる。

```cpp
std::tuple< int, double, std::string > f()
{
    return { 1, 2.0, "hello" } ;
}
```

多値を受け取るには、これまでは多値を固まりとして受け取るか、ライブラリで分解して受け取るしかなかった。

多値を固まりで受け取るには以下のように書く。

```cpp
std::tuple< int, double, std::string > f()
{
    return { 1, 2.0, "hello" } ;
}

int main()
{
    auto result = f() ;

    std::cout << std::get<0>(result) << '\n'
        << std::get<1>(result) << '\n'
        << std::get<2>(result) << std::endl ;
}
```

多値をライブラリで受け取るには以下のように書く。

```cpp
std::tuple< int, double, std::string > f()
{
    return { 1, 2.0, "hello" } ;
}

int main()
{
    int a ;
    double b ;
    std::string c ;

    std::tie( a, b, c ) = f() ;

    std::cout << a << '\n'
        << b << '\n'
        << c << std::endl ;
}
```

構造化束縛を使うと、以下のように書ける。

3.20 構造化束縛

```
std::tuple< int, double, std::string > f()
{
    return { 1, 2.0, "hello" } ;
}

int main()
{
    auto [a, b, c] = f() ;

    std::cout << a << '\n'
        << b << '\n'
        << c << std::endl ;
}
```

変数の型はそれぞれ対応する多値の型になる。この場合、a, b, c はそれぞれ int, double, std::string 型になる。

tuple だけではなく、pair も使える。

```
int main()
{
    std::pair<int, int> p( 1, 2 ) ;

    auto [a,b] = p ;

    // a は int 型、値は 1
    // b は int 型、値は 2
}
```

構造化束縛は if 文と switch 文、for 文でも使える。

```
int main()
{
    int expr[] = {1,2,3} ;

    if ( auto[a,b,c] = expr ; a )
    { }
    switch( auto[a,b,c] = expr ; a )
    { }
    for ( auto[a,b,c] = expr ; false ; )
    { }
```

}

構造化束縛は range-based for 文にも使える。

```cpp
int main()
{
    std::map< std::string, std::string > translation_table
    {
        {"dog", "犬"},
        {"cat", "猫"},
        {"answer", "42"}
    } ;

    for ( auto [key, value] : translation_table )
    {
        std::cout<<
            "key="<< key <<
            ", value=" << value << '\n' ;
    }
}
```

これは、map の要素型 std::pair<const std::string, std::string> を構造化束縛 [key, value] で受けている。

構造化束縛は配列にも使える。

```cpp
int main()
{
    int values[] = {1,2,3} ;
    auto [a,b,c] = values ;
}
```

構造化束縛はクラスにも使える。

```cpp
struct Values
{
    int a ;
    double d ;
    std::string c ;
} ;
```

3.20 構造化束縛

```
int main()
{
    Values values{ 1, 2.0, "hello" } ;

    auto [a,b,c] = values ;
}
```

構造化束縛でクラスを使う場合は、非 static データメンバーはすべて 1 つのクラスの public なメンバーでなければならない。

構造化束縛は constexpr にはできない。

```
int main()
{
    constexpr int expr[] = { 1,2 } ;

    // エラー
    constexpr auto [a,b] = expr ;
}
```

3.20.1 超上級者向け解説

構造化束縛は、変数の宣言のうち、**構造化束縛宣言**（structured binding declaration）に分類される文法で記述する。構造化束縛宣言となる宣言は、単純宣言（simple-declaration）と for-range 宣言（for-range-declaration）のうち、[識別子リスト] があるものだ。

単純宣言：
    属性 auto CV 修飾子（省略可）リファレンス修飾子（省略可）
    [識別子リスト] 初期化子 ;

for-range 宣言：
    属性 auto CV 修飾子（省略可）リファレンス修飾子（省略可）
    [識別子リスト] ;

識別子リスト：
    コンマで区切られた識別子

初期化子：
    = 式

```
{ 式 }
( 式 )
```

以下は単純宣言のコード例だ。

```cpp
int main()
{
    int e1[] = {1,2,3} ;
    struct { int a,b,c ; } e2{1,2,3} ;
    auto e3 = std::make_tuple(1,2,3) ;

    // "= 式"の例
    auto [a,b,c] = e1 ;
    auto [d,e,f] = e2 ;
    auto [g,h,i] = e3 ;

    // "{式}", "(式)"の例
    auto [j,k,l]{e1} ;
    auto [m,n,o](e1) ;

    // CV 修飾子とリファレンス修飾子を使う例
    auto const & [p,q,r] = e1 ;
}
```

以下は for-range 宣言の例だ。

```cpp
int main()
{
    std::pair<int, int> pairs[] = { {1,2}, {3,4}, {5,6} } ;

    for ( auto [a, b] : pairs )
    {
        std::cout << a << ", " << b << '\n' ;
    }
}
```

3.20.2 構造化束縛宣言の仕様

構造化束縛の構造化束縛宣言は以下のように解釈される。

構造化束縛宣言によって宣言される変数の数は、初期化子の多値の数と一致してい

なければならない。

```
int main()
{
    // 2個の値を持つ
    int expr[] = {1,2} ;

    // エラー、変数が少なすぎる
    auto[a] = expr ;
    // エラー、変数が多すぎる
    auto[b,c,d] = expr ;
}
```

構造化束縛宣言で宣言されるそれぞれの変数名について、記述されたとおりの属性、CV 修飾子、リファレンス修飾子の変数が宣言される。

3.20.3 初期化子の型が配列の場合

初期化子が配列の場合、それぞれの変数はそれぞれの配列の要素で初期化される。リファレンス修飾子がない場合、それぞれの変数はコピー初期化される。

```
int main()
{
    int expr[3] = {1,2,3} ;
    auto [a,b,c] = expr ;
}
```

これは、以下と同じ意味になる。

```
int main()
{

    int expr[3] = {1,2,3} ;

    int a = expr[0] ;
    int b = expr[1] ;
    int c = expr[2] ;
}
```

リファレンス修飾子がある場合、変数はリファレンスとなる。

```
int main()
```

```cpp
{
    int expr[3] = {1,2,3} ;
    auto & [a,b,c] = expr ;
    auto && [d,e,f] = expr ;
}
```

これは、以下と同じ意味になる。

```cpp
int main()
{
    int expr[3] = {1,2,3} ;

    int & a = expr[0] ;
    int & b = expr[1] ;
    int & c = expr[2] ;

    int && d = expr[0] ;
    int && e = expr[1] ;
    int && f = expr[2] ;
}
```

もし、変数の型が配列の場合、配列の要素はそれぞれ対応する配列の要素で初期化される。

```cpp
int main()
{
    int expr[][2] = {{1,2},{1,2}} ;
    auto [a,b] = expr ;
}
```

これは、以下と同じ意味になる。

```cpp
int main()
{
    int expr[][2] = {{1,2},{1,2}} ;

    int a[2] = { expr[0][0], expr[0][1] } ;
    int b[2] = { expr[1][0], expr[1][1] } ;
}
```

3.20.4 初期化子の型が配列ではなく、std::tuple_size<E> が完全形の名前である場合

構造化束縛宣言の初期化子の型 E が配列ではない場合で、std::tuple_size<E> が完全形の名前である場合、構造化束縛宣言の初期化子の型を E, その値を e とする。構造化束縛宣言で宣言される 1 つ目の変数を 0, 2 つ目の変数を 1, ..., とインクリメントされていくインデックスを i とする。

std::tuple_size<E>::value は整数のコンパイル時定数式で、その値は初期化子の値の数でなければならない。

```
int main()
{
    // std::tuple< int, int, int >
    auto e = std::make_tuple( 1, 2, 3 ) ;
    auto [a,b,c] = e ;

    // std::tuple_size<decltype(e)>::size は 3
}
```

それぞれの値を取得するために、非修飾名 get が型 E のクラススコープから探される。get が見つかった場合、それぞれの変数の初期化子は e.get<i>() となる。

```
auto [a,b,c] = e ;
```

という構造化束縛宣言は、以下の意味になる。

```
type a = e.get<0>() ;
type b = e.get<1>() ;
type c = e.get<2>() ;
```

そのような get の宣言が見つからない場合、初期化子は get<i>(e) となる。この場合、get は連想名前空間から探される。通常の非修飾名前検索は行われない。

```
// ただし通常の非修飾名前検索は行われない
type a = get<0>(e) ;
type b = get<1>(e) ;
type c = get<2>(e) ;
```

構造化束縛宣言で宣言される変数の型は以下のように決定される。
変数の型 type は "std::tuple_element<i, E>::type" となる。

```
std::tuple_element<0, E>::type a = get<0>(e) ;
std::tuple_element<1, E>::type b = get<1>(e) ;
std::tuple_element<2, E>::type c = get<2>(e) ;
```

以下のコードは、

```cpp
int main()
{
    auto e = std::make_tuple( 1, 2, 3 ) ;
    auto [a,b,c] = e ;
}
```

以下とほぼ同等の意味になる。

```cpp
int main()
{
    auto e = std::make_tuple( 1, 2, 3 ) ;

    using E = decltype(e) ;

    std::tuple_element<0, E>::type & a = std::get<0>(e) ;
    std::tuple_element<1, E>::type & b = std::get<1>(e) ;
    std::tuple_element<2, E>::type & c = std::get<2>(e) ;
}
```

以下のコードは、

```cpp
int main()
{
    auto e = std::make_tuple( 1, 2, 3 ) ;
    auto && [a,b,c] = std::move(e) ;
}
```

以下のような意味になる。

```cpp
int main()
{
    auto e = std::make_tuple( 1, 2, 3 ) ;

    using E = decltype(e) ;
```

```
    std::tuple_element<0, E>::type && a = std::get<0>(std::move(e)) ;
    std::tuple_element<1, E>::type && b = std::get<1>(std::move(e)) ;
    std::tuple_element<2, E>::type && c = std::get<2>(std::move(e)) ;
}
```

3.20.5 上記以外の場合

上記以外の場合、構造化束縛宣言の初期化子の型 E はクラス型で、すべての非 static データメンバーは public の直接のメンバーであるか、あるいは単一の曖昧ではない public 基本クラスのメンバーである必要がある。E に匿名 union メンバーがあってはならない。

以下は型 E として適切なクラスの例である。

```
struct A
{
    int a, b, c ;
} ;

struct B : A { } ;
```

以下は型 E として不適切なクラスの例である。

```
// public 以外の非 static データメンバーがある
struct A
{
public :
    int a ;
private :
    int b ;
} ;


struct B
{
    int a ;
} ;
// クラスにも基本クラスにも非static データメンバーがある
struct C : B
{
```

```
        int b ;
} ;

// 匿名union メンバーがある
struct D
{
    union
    {
        int i ;
        double d ;
    }
} ;
```

型Eの非staticデータメンバーは宣言された順番で多値として認識される。以下のコードは、

```
int main()
{
    struct { int x, y, z ; } e{1,2,3} ;

    auto [a,b,c] = e ;
}
```

以下のコードと意味的に等しい。

```
int main()
{
    struct { int x, y, z ; } e{1,2,3} ;

    int a = e.x ;
    int b = e.y ;
    int c = e.z ;
}
```

構造化束縛はビットフィールドに対応している。

```
struct S
{
    int x : 2 ;
    int y : 4 ;
} ;
```

```cpp
int main()
{
    S e{1,3} ;
    auto [a,b] = e ;
}
```

機能テストマクロは `__cpp_structured_bindings`、値は 201606。

3.21 inline 変数

C++17 では変数に `inline` キーワードを指定できるようになった。

```cpp
inline int variable ;
```

このような変数を inline 変数と呼ぶ。その意味は inline 関数と同じだ。

3.21.1 inline の歴史的な意味

今は昔、本書執筆から 30 年以上は昔に、`inline` キーワードが C++ に追加された。`inline` の現在の意味は誤解されている。

`inline` 関数の意味は、「関数を強制的にインライン展開させるための機能」ではない。

大事なことなのでもう一度書くが、`inline` 関数の意味は、「関数を強制的にインライン展開させるための機能」ではない。

確かに、かつて `inline` 関数の意味は、関数を強制的にインライン展開させるための機能だった。

関数のインライン展開とは、たとえば以下のようなコードがあったとき、

```cpp
int min( int a, int b )
{ return a < b ? a : b ; }

int main()
{
    int a, b ;
    std::cin >> a >> b ;

    // a と b のうち小さい方を選ぶ
    int value = min( a, b ) ;
}
```

この関数 min は十分に小さく、関数呼び出しのコストは無視できないオーバーヘッドになるため、以下のような最適化が考えられる。

```
int main()
{
    int a, b ;
    std::cin >> a >> b ;

    int value = a < b ? a : b ;
}
```

このように関数の中身を展開することを、関数のインライン展開という。

人間が関数のインライン展開を手で行うのは面倒だ。それにコードが読みにくい。"min(a,b)" と "a<b?a:b" のどちらが読みやすいだろうか。

幸い、C++ コンパイラーはインライン展開を自動的に行えるので人間が苦労する必要はない。

インライン展開は万能の最適化ではない。インライン展開をすると逆に遅くなる場合もある。

たとえば、ある関数をコンパイルした結果のコードサイズが 1K バイトあったとして、その関数を呼んでいる箇所がプログラム中に 1000 件ある場合、プログラム全体のサイズは 1M バイト増える。コードサイズが増えるということは、CPU のキャッシュを圧迫する。

たとえば、ある関数の実行時間が関数呼び出しの実行時間に比べて桁違いに長いとき、関数呼び出しのコストを削減するのは意味がない。

したがって関数のインライン展開という最適化を適用すべきかどうかを決定するには、関数のコードサイズが十分に小さいとき、関数の実行時間が十分に短いとき、タイトなループの中など、さまざまな条件を考慮しなければならない。

昔のコンパイラー技術が未熟だった時代の C++ コンパイラーは関数をインライン展開するべきかどうかの判断ができなかった。そのため inline キーワードが追加された。インライン展開してほしい関数を inline 関数にすることで、コンパイラーはその関数がインライン展開するべき関数だと認識する。

3.21.2 現代の inline の意味

現代では、コンパイラー技術の発展により C++ コンパイラーは十分に賢くなったので、関数をインライン展開させる目的で inline キーワードを使う必要はない。実際、現代の C++ コンパイラーでは inline キーワードはインライン展開を強制しない。関数をインライン展開すべきかどうかはコンパイラーが判断できる。

3.21 inline 変数

`inline`キーワードにはインライン展開以外に、もう1つの意味がある。ODR (One Definition Rule、定義は1つの原則) の回避だ。

C++では、定義はプログラム中に1つしか書くことができない。

```
void f() ; // OK、宣言
void f() ; // OK、再宣言

void f() { } // OK、定義

void f() { } // エラー、再定義
```

通常は、関数を使う場合には宣言だけを書いて使う。定義はどこか1つの翻訳単位に書いておけばよい。

```
// f.h

void f() ;

// f.cpp

void f() { }

// main.cpp

#include "f.h"

int main()
{
    f() ;
}
```

しかし、関数のインライン展開をするには、コンパイラーの実装上の都合で、関数の定義が同じ翻訳単位になければならない。

```
inline void f() ;

int main()
{
    // エラー、定義がない
    f() ;
```

}
```

しかし、翻訳単位ごとに定義すると、定義が重複してODRに違反する。

C++ではこの問題を解決するために、`inline`関数は定義が同一であれば、複数の翻訳単位で定義されてもよいことにしている。つまりODRに違反しない。

```cpp
// a.cpp

inline void f() { }

void a()
{
    f() ;
}

// b.cpp

// OK、inline関数
inline void f() { }

void b()
{
    f() ;
}
```

これは例のために同一の`inline`関数を直接記述しているが、`inline`関数は定義を同一性を保証させるため、通常はヘッダーファイルに書いて`#include`して使う。

3.21.3 inline変数の意味

`inline`変数は、ODRに違反せず変数の定義の重複を認める。同じ名前の`inline`変数は同じ変数を指す。

```cpp
// a.cpp

inline int data ;

void a() { ++data ; }

// b.cpp
```
```

3.21 inline 変数

```
inline int data ;

void b() { ++data ; }

// main.cpp

inline int data ;

int main()
{
    a() ;
    b() ;

    data ; // 2
}
```

この例で関数 a, b の中の変数 data は同じ変数を指している。変数 data は static ストレージ上に構築された変数なのでプログラムの開始時にゼロで初期化される。2 回インクリメントされるので値は 2 となる。

これにより、クラスの非 static データメンバーの定義を書かなくてすむようになる。

C++17 以前の C++ では、以下のように書かなければならなかったが、

```
// S.h

struct S
{
    static int data ;
} ;

// S.cpp

int S::data ;
```

C++17 では、以下のように書けばよい。

```
// S.h
```

```
struct S
{
    inline static int data ;
} ;
```

S.cpp に変数 S::data の定義を書く必要はない。

機能テストマクロは __cpp_inline_variables、値は 201606。

3.22　可変長 using 宣言

この機能は超上級者向けだ。

C++17 では using 宣言をコンマで区切ることができるようになった。

```
int x, y ;

int main()
{
    using ::x, ::y ;
}
```

これは、C++14 で

```
using ::x ;
using ::y ;
```

と書くのと等しい。

C++17 では、using 宣言でパック展開ができるようになった。この機能に正式な名前は付いていないが、可変長 using 宣言（Variadic using declaration）と呼ぶのがわかりやすい。

```
template < typename ... Types >
struct S : Types ...
{
    using Types::operator() ... ;
    void operator () ( long ) { }
} ;


struct A
{
```

```
        void operator () ( int ) { }
    } ;

    struct B
    {
        void operator () ( double ) { }
    } ;

    int main()
    {
        S<A, B> s ;
        s(0) ; // A::operator()
        s(0L) ; // S::operator()
        s(0.0) ; // B::operator()
    }
```

機能テストマクロは `__cpp_variadic_using`, 値は 201611。

3.23　std::byte : バイトを表現する型

C++17 では、バイトを表現する型が入った。ライブラリでもあるのだがコア言語で特別な型として扱われている。

バイトとは C++ のメモリーモデルにおけるストレージの単位で、C++ においてユニークなアドレスが付与される最小単位だ。C++ の規格はいまだに 1 バイトが具体的に何ビットであるのかを規定していない。これは過去にバイトのサイズが 8 ビットではないアーキテクチャーが存在したためだ。

バイトのビット数は `<climits>` で定義されているプリプロセッサーマクロ、`CHAR_BIT` で知ることができる。

C++17 では、1 バイトは UTF-8 の 8 ビットの 1 コード単位をすべて表現できると規定している。

`std::byte` 型は、生のバイト列を表すための型として使うことができる。生の 1 バイトを表すには `unsigned char` 型が慣習的に使われてきたが、`std::byte` 型は生の 1 バイトを表現する型として、新たに C++17 で追加された。複数バイトが連続するストレージは、`unsigned char` の配列型、もしくは `std::byte` の配列型として表現できる。

`std::byte` 型は、`<cstddef>` で以下のように定義されている。

```
    namespace std
```

```
{
    enum class byte : unsigned char { } ;
}
```

std::byte はライブラリとして scoped enum 型で定義されている。これにより、他の整数型からの暗黙の型変換が行えない。

値 0x12 の std::byte 型の変数は以下のように定義できる。

```
int main()
{
    std::byte b{0x12} ;
}
```

std::byte 型の値がほしい場合は、以下のように書くことができる。

```
int main()
{
    std::byte b{} ;

    b = std::byte( 1 ) ;
    b = std::byte{ 1 } ;
    b = static_cast< std::byte >( 1 ) ;
    b = static_cast< std::byte >( 0b11110000 ) ;
}
```

std::byte 型は他の数値型からは暗黙に型変換できない。これによりうっかりと型を取り違えてバイト型と他の型を演算してしまうことを防ぐことができる。

```
int main()
{
    // エラー、()による初期化は int 型からの暗黙の変換が入る
    std::byte b1(1) ;

    // エラー、=による初期化は int 型からの暗黙の変換が入る
    std::byte b2 = 1 ;

    std::byte b{} ;

    // エラー、operator =による int 型の代入は暗黙の変換が入る
    b = 1 ;
```

3.23 std::byte : バイトを表現する型

```
    // エラー、operator =によるdouble型の代入は暗黙の変換が入る
    b = 1.0 ;
}
```

`std::byte`型は`{}`によって初期化するが、縮小変換を禁止するルールにより、`std::byte`型が表現できる値の範囲でなければエラーとなる。

たとえば、今`std::byte`が8ビットで、最小値が0、最大値が255の環境だとする。

```
int main()
{
    // エラー、表現できる値の範囲ではない
    std::byte b1{-1} ;
    // エラー、表現できる値の範囲ではない
    std::byte b2{256} ;
}
```

`std::byte`は内部のストレージをバイト単位でアクセスできるようにするため、規格上`char`と同じような配慮が行われている。

```
int main()
{
    int x = 42 ;

    std::byte * rep = reinterpret_cast< std::byte * >(&x) ;
}
```

`std::byte`は一部の演算子がオーバーロードされているので、通常の整数型のように使うことができる。ただし、バイトをビット列演算するのに使う一部の演算子だけだ。

具体的には、以下に示すシフト、ビットOR, ビット列AND, ビット列XOR, ビット列NOTだ。

```
<<= <<
>>= >>
|=  |
&=  &
^=  ^
~
```

四則演算などの演算子はサポートしていない。

std::byte は std::to_integer<IntType>(std::byte) により、IntType 型の整数型に変換できる。

```cpp
int main()
{
    std::byte b{42} ;

    // int 型の値は 42
    auto i = std::to_integer<int>(b) ;
}
```

第 4 章
C++17 の型安全な値を
格納するライブラリ

C++17 では型安全に値を格納するライブラリとして、variant, any, optional が追加された。

4.1 variant：型安全な union

4.1.1 使い方

ヘッダーファイル <variant> で定義されている variant は、型安全な union として使うことができる。

```
#include <variant>

int main()
{
    using namespace std::literals ;

    // int, double, std::string のいずれかを格納する variant
    // コンストラクターは最初の型をデフォルト構築
    std::variant< int, double, std::string > x ;

    x = 0 ;         // int を代入
    x = 0.0 ;       // double を代入
    x = "hello"s ;  // std::string を代入

    // int が入っているか確認
    // false を返す
```

```cpp
    bool has_int = std::holds_alternative<int>( x ) ;
    // std::string が入っているか確認
    // true を返す
    bool has_string = std::holds_alternative<std::string> ( x ) ;

    // 入っている値を得る
    // "hello"
    std::string str = std::get<std::string>(x) ;
}
```

4.1.2 型非安全な古典的 union

C++ が従来から持っている古典的な union は、複数の型のいずれか 1 つだけの値を格納する型だ。union のサイズはデータメンバーのいずれかの型を 1 つ表現できるだけのサイズとなる。

```cpp
union U
{
    int i ;
    double d ;
    std::string s ;
} ;

struct S
{
    int i ;
    double d ;
    std::string s ;
}
```

この場合、sizeof(U) は

$$\text{sizeof(U)} = \max\{\text{sizeof(int)}, \text{sizeof(double)}, \text{sizeof(std::string)}\} + パディングなど$$

になる。sizeof(S) は、

$$\text{sizeof(S)} = \text{sizeof(int)} + \text{sizeof(double)} + \text{sizeof(std::string)} + パディングなど$$

になる。

4.1 variant : 型安全な union

unionはメモリー効率がよい。unionはvariantと違い型非安全だ。どの型の値を保持しているかという情報は保持しないので、ユーザーが適切に管理しなければならない。

試しに、冒頭のコードをunionで書くと、以下のようになる。

```cpp
union U
{
    int i ;
    double d ;
    std::string s ;

    // コンストラクター
    // int型をデフォルト初期化する
    U() : i{} { }
    // デストラクター
    // 何もしない。オブジェクトの破棄はユーザーの責任に任せる
    ~U() { }
} ;

// デストラクター呼び出し
template < typename T >
void destruct ( T & x )
{
    x.~T() ;
}

int main()
{
    U u ;

    // 基本型はそのまま代入できる
    // 破棄も考えなくてよい
    u.i = 0 ;
    u.d = 0.0 ;

    // 非トリビアルなコンストラクターを持つ型
    // placement new が必要
    new(&u.s) std::string("hello") ;
```

```
        // ユーザーはどの型を入れたか別に管理しておく必要がある
        bool has_int = false ;
        bool has_string = true ;

        std::cout << u.s << '\n' ;

        // 非トリビアルなデストラクターを持つ型
        // 破棄が必要
        destruct( u.s ) ;
    }
```

このようなコードは書きたくない。variant を使えば、このような面倒で冗長なコードを書かずに、型安全に union と同等機能を実現できる。

4.1.3 variant の宣言

variant はテンプレート実引数で保持したい型を与える。

```
  std::variant< char, short, int, long > v1 ;
  std::variant< int, double, std::string > v2 ;
  std::variant< std::vector<int>, std::list<int> > v3 ;
```

4.1.4 variant の初期化

デフォルト初期化

variant はデフォルト構築すると、最初に与えた型の値をデフォルト構築して保持する。

```
  // int
  std::variant< int, double > v1 ;
  // double
  std::variant< double, int > v2 ;
```

variant にデフォルト構築できない型を最初に与えると、variant もデフォルト構築できない。

```
  // デフォルト構築できない型
  struct non_default_constructible
  {
      non_default_constructible() = delete ;
  } ;
```

```
// エラー
// デフォルト構築できない
std::variant< non_default_constructible > v ;
```

デフォルト構築できない型だけを保持する variant をデフォルト構築するためには、最初の型をデフォルト構築可能な型にすればよい。

```
struct A { A() = delete ; } ;
struct B { B() = delete ; } ;
struct C { C() = delete ; } ;

struct Empty { } ;


int main()
{
    // OK、Empty を保持
    std::variant< Empty, A, B, C > v ;
}
```

このような場合に、Empty のようなクラスをわざわざ独自に定義するのは面倒なので、標準ライブラリには std::monostate クラスが以下のように定義されている。

```
namespace std {
    struct monostate { } ;
}
```

したがって、上の例は以下のように書ける。

```
// OK、std::monostate を保持
std::variant< std::monostate, A, B, C > v ;
```

std::monostate は variant の最初のテンプレート実引数として使うことで variant をデフォルト構築可能にするための型だ。それ以上の意味はない。

コピー初期化

variant に同じ型の variant を渡すと、コピー/ムーブする。

```
int main()
{
```

```cpp
    std::variant<int> a ;
    // コピー
    std::variant<int> b ( a ) ;
}
```

variantのコンストラクターに値を渡した場合

variantのコンストラクターに上記以外の値を渡した場合、variantのテンプレート実引数に指定した型の中から、オーバーロード解決により最適な型が選ばれ、その型の値に変換され、値を保持する。

```cpp
using val = std::variant< int, double, std::string > ;

int main()
{
    // int
    val a(42) ;
    // double
    val b( 0.0 ) ;

    // std::string
    // char const *型はstd::string型に変換される
    val c("hello") ;

    // int
    // char型はIntegral promotionによりint型に優先的に変換される
    val d( 'a' ) ;
}
```

in_place_typeによるemplace構築

variantのコンストラクターの第一引数にstd::in_place_type<T>を渡すことにより、T型の要素を構築するためにT型のコンストラクターに渡す実引数を指定できる。

ほとんどの型はコピーかムーブができる。

```cpp
struct X
{
    X( int, int, int ) { }
} ;
```

4.1 variant : 型安全な union

```cpp
int main()
{
    // X を構築
    X x( a, b, c ) ;
    // x をコピー
    std::variant<X> v( x ) ;
}
```

しかし、もし型 X がコピーもムーブもできない型だったとしたら、上記のコードは動かない。

```cpp
struct X
{
    X( int, int, int ) { }
    X( X const & ) = delete ;
    X( X && ) = delete ;
} ;

int main()
{
    // X を構築
    X x( 1, 2, 3 ) ;
    // エラー、X はコピーできない
    std::variant<X> v( x ) ;
}
```

このような場合、variant が内部で X を構築する際に、構築に必要なコンストラクターの実引数を渡して、variant に X を構築させる必要がある。そのために std::in_place_type<T> が使える。T に構築したい型を指定して第一引数とし、第二引数以降を T のコンストラクターに渡す値にする。

```cpp
struct X
{
    X( int, int, int ) { }
    X( X const & ) = delete ;
    X( X && ) = delete ;
} ;

int main()
```

```
    {
        // X の値を構築して保持
        std::variant<X> v( std::in_place_type<X>, 1, 2, 3 ) ;
    }
```

4.1.5 variant の破棄

variant のデストラクターは、そのときに保持している値を適切に破棄してくれる。

```
    int main()
    {
        std::vector<int> v ;
        std::list<int> l ;
        std::deque<int> d ;
        std::variant<
            std::vector<int>,
            std::list<int>,
            std::deque<int>
        > val ;

        val = v ;
        val = l ;
        val = d ;

        // variant のデストラクターは deque<int>を破棄する
    }
```

variant のユーザーは何もする必要がない。

4.1.6 variant の代入

variant の代入はとても自然だ。variant を渡せばコピーするし、値を渡せばオーバーロード解決に従って適切な型の値を保持する。

4.1.7 variant の emplace

variant は emplace をサポートしている。variant の場合、構築すべき型を知らせる必要があるので、emplace<T> の T で構築すべき型を指定する。

```
    struct X
    {
```

4.1　variant：型安全な union

```
    X( int, int, int ) { }
    X( X const & ) = delete ;
    X( X && ) = delete ;
} ;

int main()
{
    std::variant<std::monostate, X, std::string> v ;

    // X を構築
    v.emplace<X>( 1, 2, 3 ) ;
    // std::string を構築
    v.emplace< std::string >( "hello" ) ;
}
```

4.1.8　variant に値が入っているかどうかの確認
valueless_by_exception メンバー関数

```
    constexpr bool valueless_by_exception() const noexcept;
```

valueless_by_exception メンバー関数は、variant が値を保持している場合、false を返す。

```
    void f( std::variant<int> & v )
    {

        if ( v.valueless_by_exception() )
        { // true
            // v は値を保持していない
        }
        else
        { // false
            // v は値を保持している
        }
    }
```

variant はどの値も保持しない状態になることがある。たとえば、std::string はコピーにあたって動的なメモリー確保を行うかもしれない。variant が std::string をコピーする際に、動的メモリー確保に失敗した場合、コピーは失敗する。なぜなら

95

ば、variant は別の型の値を構築する前に、以前の値を破棄しなければならないからだ。variant は値を持たない状態になりうる。

```cpp
int main()
{
    std::variant< int, std::string > v ;
    try {
        std::string s("hello") ;
        v = s ; // 動的メモリー確保が発生するかもしれない
    } catch( std::bad_alloc e )
    {
        // 動的メモリー確保が失敗するかもしれない
    }

    // 動的メモリー確保の失敗により
    // true になるかもしれない
    bool b = v.valueless_by_exception() ;
}
```

index メンバー関数

```cpp
constexpr size_t index() const noexcept;
```

index メンバー関数は、variant に指定したテンプレート実引数のうち、現在 variant が保持している値の型を 0 ベースのインデックスで返す。

```cpp
int main()
{
    std::variant< int, double, std::string > v ;

    auto v0 = v.index() ; // 0
    v = 0.0 ;
    auto v1 = v.index() ; // 1
    v = "hello" ;
    auto v2 = v.index() ; // 2
}
```

もし variant が値を保持しない場合、つまり valueless_by_exception() が true を返す場合は、std::variant_npos を返す。

```
// variant が値を持っているかどうか確認する関数
template < typename ... Types >
void has_value( std::variant< Types ... > && v )
{
    return v.index() != std::variant_npos ;

    // これでもいい
    // return v.valueless_by_exception() == false ;
}
```

std::variant_npos の値は -1 だ。

4.1.9 swap

variant は swap に対応している。

```
int main()
{
    std::variant<int> a, b ;

    a.swap(b) ;
    std::swap( a, b ) ;
}
```

4.1.10 variant_size<T> : variant が保持できる型の数を取得

std::variant_size<T>は、T に variant 型を渡すと、variant が保持できる型の数を返してくれる。

```
using t1 = std::variant<char> ;
using t2 = std::variant<char, short> ;
using t3 = std::variant<char, short, int> ;

// 1
constexpr std::size_t t1_size = std::variant_size<t1>::size ;
// 2
constexpr std::size_t t2_size = std::variant_size<t2>::size ;
// 3
constexpr std::size_t t2_size = std::variant_size<t3>::size ;
```

variant_size は integral_constant を基本クラスに持つクラスなので、デフォルト構築した結果をユーザー定義変換することでも値を取り出せる。

```
using type = std::variant<char, short, int> ;

constexpr std::size_t size = std::variant_size<type>{} ;
```

variant_size を以下のようにラップした変数テンプレートも用意されている。

```
template <class T>
    inline constexpr size_t variant_size_v = variant_size<T>::value;
```

これを使えば、以下のようにも書ける。

```
using type = std::variant<char, short, int> ;

constexpr std::size_t size = std::variant_size_v<type> ;
```

4.1.11　variant_alternative<I, T>：インデックスから型を返す

std::variant_alternative<I, T> は T 型の variant の保持できる型のうち、I 番目の型をネストされた型名 type で返す。

```
using type = std::variant< char, short, int > ;

// char
using t0 = std::variant_alternative< 0, type >::type ;
// short
using t1 = std::variant_alternative< 1, type >::type ;
// int
using t2 = std::variant_alternative< 2, type >::type ;
```

variant_alternative_t というテンプレートエイリアスが以下のように定義されている。

```
template <size_t I, class T>
    using variant_alternative_t
        = typename variant_alternative<I, T>::type ;
```

これを使えば、以下のようにも書ける。

```
using type = std::variant< char, short, int > ;
```

```
// char
using t0 = std::variant_alternative_t< 0, type > ;
// short
using t1 = std::variant_alternative_t< 1, type > ;
// int
using t2 = std::variant_alternative_t< 2, type > ;
```

4.1.12 holds_alternative : variant が指定した型の値を保持しているかどうかの確認

holds_alternative<T>(v) は、variant v が T 型の値を保持しているかどうかを確認する。保持しているのであれば true を、そうでなければ false を返す。

```
int main()
{
    // int 型の値を構築
    std::variant< int, double > v ;

    // true
    bool has_int = std::holds_alternative<int>(v) ;
    // false
    bool has_double = std::holds_alternative<double>(v) ;
}
```

型 T は実引数に与えられた variant が保持できる型でなければならない。以下のようなコードはエラーとなる。

```
int main()
{
    std::variant< int > v ;

    // エラー
    std::holds_alternative<double>(v) ;
}
```

4.1.13　get<I>(v)：インデックスから値の取得

get<I>(v) は、variant v の型のインデックスから I 番目の型の値を返す。インデックスは 0 ベースだ。

```
int main()
{
    // 0: int
    // 1: double
    // 2: std::string
    std::variant< int, double, std::string > v(42) ;

    // int, 42
    auto a = std::get<0>(v) ;

    v = 3.14 ;
    // double, 3.14
    auto b = std::get<1>(v) ;

    v = "hello" ;
    // std::string, "hello"
    auto c = std::get<2>(v) ;
}
```

I がインデックスの範囲を超えているとエラーとなる。

```
int main()
{
    // インデックスは 0, 1, 2 まで
    std::variant< int, double, std::string > v ;

    // エラー、範囲外
    std::get<3>(v) ;
}
```

もし、variant が値を保持していない場合、つまり v.index() != I の場合は、std::bad_variant_access が throw される。

```
int main()
{
```

4.1 variant : 型安全な union

```cpp
    // int 型の値を保持
    std::variant< int, double > v( 42 ) ;

    try {
        // double 型の値を要求
        auto d = std::get<1>(v) ;
    } catch ( std::bad_variant_access & e )
    {
        // double は保持していなかった
    }
}
```

get の実引数に渡す variant が lvalue の場合は、戻り値は lvalue リファレンス、rvalue の場合は戻り値は rvalue リファレンスになる。

```cpp
int main()
{
    std::variant< int > v ;

    // int &
    decltype(auto) a = std::get<0>(v) ;
    // int &&
    decltype(auto) b = std::get<0>( std::move(v) ) ;
}
```

get の実引数に渡す variant が CV 修飾されている場合、戻り値の型も実引数と同じく CV 修飾される。

```cpp
int main()
{
    std::variant< int > const cv ;
    std::variant< int > volatile vv ;
    std::variant< int > const volatile cvv ;

    // int const &
    decltype(auto) a = std::get<0>( cv ) ;
    // int volatile &
    decltype(auto) b = std::get<0>( vv ) ;
    // int const volatile &
    decltype(auto) c = std::get<0>( cvv ) ;
```

}

4.1.14　get<T>(v)：型から値の取得

get<T>(v) は、variant v の保有する型 T の値を返す。型 T の値を保持していない場合、std::bad_variant_access が throw される。

```
int main()
{
    std::variant< int, double, std::string > v( 42 ) ;

    // int
    auto a = std::get<int>( v ) ;

    v = 3.14 ;
    // double
    auto b = std::get<double>( v ) ;

    v = "hello" ;
    // std::string
    auto c = std::get<std::string>( v ) ;
}
```

その他はすべて get<I> と同じ。

4.1.15　get_if：値を保持している場合に取得

get_if<I>(vp) と get_if<T>(vp) は、variant へのポインター vp を実引数に取り、*vp がインデックス I, もしくは型 T の値を保持している場合、その値へのポインターを返す。

```
int main()
{
    std::variant< int, double, std::string > v( 42 ) ;

    // int *
    auto a = std::get_if<int>( &v ) ;

    v = 3.14 ;
    // double *
```

4.1 variant : 型安全な union

```
    auto b = std::get_if<1>( &v ) ;

    v = "hello" ;
    // std::string
    auto c = std::get_if<2>( &v ) ;

}
```

もし、vp が nullptr の場合、もしくは *vp が指定された値を保持していない場合は、nullptr を返す。

```
int main()
{
    // int 型の値を保持
    std::variant< int, double > v( 42 ) ;

    // nullptr
    auto a = std::get_if<int>( nullptr ) ;

    // nullptr
    auto a = std::get_if<double>( &v ) ;
}
```

4.1.16　variant の比較

variant は比較演算子がオーバーロードされているため比較できる。variant 同士の比較は、一般のプログラマーは自然だと思う結果になるように実装されている。

同一性の比較

variant の同一性の比較のためには、variant のテンプレート実引数に与える型は自分自身と比較可能でなければならない。

つまり、variant v, w に対して、式 get<i>(v) == get<i>(w) がすべての i に対して妥当でなければならない。

variant v, w の同一性の比較は、v == w の場合、以下のように行われる。

1. v.index() != w.index() ならば、false
2. それ以外の場合、v.value_less_by_exception() ならば、true
3. それ以外の場合、get<i>(v) == get<i>(w)。ただし i は v.index()

2つの variant が別の型を保持している場合は等しくない。ともに値なしの状態であれば等しい。それ以外は保持している値同士が比較される。

```
int main()
{
    std::variant< int, double > a(0), b(0) ;

    // true
    // 同じ型の同じ値を保持している
    a == b ;

    a = 1.0 ;

    // false
    // 型が違う
    a == b ;
}
```

たとえば operator == は以下のような実装になる。

```
template <class... Types>
constexpr bool
operator == (const variant<Types...>& v, const variant<Types...>& w)
{
    if ( v.index() != w.index() )
        return false ;
    else if ( v.valueless_by_exception() )
        return true ;
    else
        return std::visit(
            []( auto && a, auto && b ){ return a == b ; },
            v, w ) ;
}
```

operator != はこの逆だと考えてよい。

大小比較

variant の大小の比較のためには、variant のテンプレート実引数に与える型は自分自身と比較可能でなければならない。

つまり、operator < の場合、variant v, w に対して、式 get<i>(v) < get<i>(w)

4.1 variant：型安全な union

がすべての i に対して妥当でなければならない。

variant v, w の大小比較は、v < w の場合、以下のように行われる。

1. w.valueless_by_exception() ならば、false
2. それ以外の場合、v.valueless_by_exception() ならば、true
3. それ以外の場合、v.index() < w.index() ならば、true
4. それ以外の場合、v.index() > w.index() ならば、false
5. それ以外の場合、get<i>(v) < get<i>(w)。ただし i は v.index()

値なしの variant は最も小さいとみなされる。インデックスの小さいほうが小さいとみなされる。どちらも同じ型の値があるのであれば、値同士の比較となる。

```
int main()
{
    std::variant< int, double > a(0), b(0) ;

    // false
    // 同じ型の同じ値を比較
    a < b ;

    a = 1.0 ;

    // false
    // インデックスによる比較
    a < b ;
    // true
    // インデックスによる比較
    b < a ;
}
```

operator < は以下のような実装になる。

```
template <class... Types>
constexpr bool
operator<(const variant<Types...>& v, const variant<Types...>& w)
{
    if ( w.valueless_by_exception() )
        return false ;
    else if ( v.valueless_by_exception() )
        return true ;
```

```
        else if ( v.index() < w.index() )
            return true ;
        else if ( v.index() > w.index() )
            return false ;
        else
            return std::visit(
                []( auto && a, auto && b ){ return a < b ; },
                v, w ) ;
    }
```

残りの大小比較も同じ方法で比較される。

4.1.17　visit : variant が保持している値を受け取る

`std::visit` は、variant の保持している型を実引数に関数オブジェクトを呼んでくれるライブラリだ。

```
    int main()
    {
        using val = std::variant<int, double> ;

        val v(42) ;
        val w(3.14) ;

        auto visitor =  []( auto a, auto b )
                        { std::cout << a << b << '\n' ; } ;

        // visitor( 42, 3.14 ) が呼ばれる
        std::visit( visitor, v, w ) ;
        // visitor( 3.14, 42 ) が呼ばれる
        std::visit( visitor, w, v ) ;
    }
```

このように、variant にどの型の値が保持されていても扱うことができる。
`std::visit` は以下のように宣言されている。

```
  template < class Visitor, class... Variants >
  constexpr auto visit( Visitor&& vis, Variants&&... vars ) ;
```

第一引数に関数オブジェクトを渡し、第二引数以降に variant を渡す。すると、`vis( get<i>(vars)... )` のように呼ばれる。

```
int main()
{
    std::variant<int> a(1), b(2), c(3) ;

    // ( 1 )
    std::visit( []( auto x ) {}, a ) ;

    // ( 1, 2, 3 )
    std::visit( []( auto x, auto y, auto z ) {}, a, b, c ) ;
}
```

4.2 any : どんな型の値でも保持できるクラス

4.2.1 使い方

ヘッダーファイル <any> で定義されている std::any は、ほとんどどんな型の値でも保持できるクラスだ。

```
#include <any>

int main()
{
    std::any a ;

    a = 0 ; // int
    a = 1.0 ; // double
    a = "hello" ; // char const *

    std::vector<int> v ;
    a = v ; // std::vector<int>

    // 保持している std::vector<int>のコピー
    auto value = std::any_cast< std::vector<int> >( a ) ;
}
```

any が保持できない型は、コピー構築できない型だ。

4.2.2 any の構築と破棄

クラス any はテンプレートではない。そのため宣言は単純だ。

```cpp
int main()
{
    // 値を保持しない
    std::any a ;
    // int 型の値を保持する
    std::any b( 0 ) ;
    // double 型の値を保持する
    std::any c( 0.0 ) ;
}
```

any が保持する型を事前に指定する必要はない。

クラス any を破棄すると、そのとき保持していた値が適切に破棄される。

4.2.3 in_place_type コンストラクター

any のコンストラクターで emplace をするために in_place_type が使える。

```cpp
struct X
{
    X( int, int ) { }
} ;

int main()
{
    // 型 X を X(1, 2) で構築した結果の値を保持する
    std::any a( std::in_place_type<X>, 1, 2 ) ;
}
```

4.2.4 any への代入

any への代入も普通のプログラマーの期待どおりの動きをする。

```cpp
int main()
{
    std::any a ;
    std::any b ;

    // a は int 型の値 42 を保持する
    a = 42 ;
    // b は int 型の値 42 を保持する
```

```
    b = a ;

}
```

4.2.5　any のメンバー関数
emplace

```
template <class T, class... Args>
decay_t<T>& emplace(Args&&... args);
```

any は emplace メンバー関数をサポートしている。

```
struct X
{
    X( int, int ) { }
} ;

int main()
{
    std::any a ;

    // 型 X を X(1, 2)で構築した結果の値を保持する
    a.emplace<X>( 1, 2 ) ;
}
```

reset：値の破棄

```
void reset() noexcept ;
```

any の reset メンバー関数は、any の保持してある値を破棄する。reset を呼び出した後の any は値を保持しない。

```
int main()
{
    // a は値を保持しない
    std::any a ;
    // a は int 型の値を保持する
    a = 0 ;
```

```
        // a は値を保持しない
        a.reset() ;
}
```

swap : スワップ

anyはswapメンバー関数をサポートしている。

```
int main()
{
    std::any a(0) ;
    std::any b(0.0) ;

    // a は int 型の値を保持
    // b は double 型の値を保持

    a.swap(b) ;

    // a は double 型の値を保持
    // b は int 型の値を保持
}
```

has_value : 値を保持しているかどうか調べる

```
bool has_value() const noexcept;
```

anyのhas_valueメンバー関数はanyが値を保持しているかどうかを調べる。値を保持しているならばtrueを、保持していないならばfalseを返す。

```
int main()
{
    std::any a ;

    // false
    bool b1 = a.has_value() ;

    a = 0 ;
    // true
    bool b2 = a.has_value() ;
```

```
        a.reset() ;
        // false
        bool b3 = a.has_value() ;
    }
```

type : 保持している型の type_info を得る

```
    const type_info& type() const noexcept;
```

type メンバー関数は、保持している型 T の typeid(T) を返す。値を保持していない場合、typeid(void) を返す。

```
    int main()
    {
        std::any a ;

        // typeid(void)
        auto & t1 = a.type() ;

        a = 0 ;
        // typeid(int)
        auto & t2 = a.type() ;

        a = 0.0 ;
        // typeid(double)
        auto & t3 = a.type() ;
    }
```

4.2.6　any のフリー関数
make_any<T> : T 型の any を作る

```
    template <class T, class... Args>
    any make_any(Args&& ...args);

    template <class T, class U, class... Args>
    any make_any(initializer_list<U> il, Args&& ...args);
```

make_any<T>(args...) は T 型をコンストラクター実引数 args... で構築した値を保持する any を返す。

```cpp
struct X
{
    X( int, int ) { }
} ;

int main()
{
    // int 型の値を保持する any
    auto a = std::make_any<int>( 0 ) ;
    // double 型の値を保持する any
    auto b = std::make_any<double>( 0.0 ) ;

    // X 型の値を保持する any
    auto c = std::make_any<X>( 1, 2 ) ;
}
```

any_cast : 保持している値の取り出し

```cpp
template<class T> T any_cast(const any& operand);
template<class T> T any_cast(any& operand);
template<class T> T any_cast(any&& operand);
```

any_cast<T>(operand) は operand が保持している値を返す。

```cpp
int main()
{
    std::any a(0) ;

    int value = std::any_cast<int>(a) ;
}
```

any_cast<T> で指定した T 型が、any が保持している型ではない場合、std::bad_any_cast が throw される。

```cpp
int main()
{
    try {
        std::any a ;
        std::any_cast<int>(a) ;
    } catch( std::bad_any_cast e )
    {
```

```
            // 型を保持していなかった
        }

    }

    template<class T>
    const T* any_cast(const any* operand) noexcept;
    template<class T>
    T* any_cast(any* operand) noexcept;
```

any_cast<T> に any へのポインターを渡すと、T へのポインター型が返される。any が T 型を保持している場合は T 型を参照するポインターが返る。保持していない場合は、nullptr が返る。

```
    int main()
    {
        std::any a(42) ;

        // int 型の値を参照するポインター
        int * p1 = std::any_cast<int>( &a ) ;

        // nullptr
        double * p2 = std::any_cast<double>( &a ) ;
    }
```

4.3　optional : 値を保有しているか、していないクラス

4.3.1　使い方

ヘッダーファイル <optional> で定義されている optional<T> は、T 型の値を保有しているか、保有していないライブラリだ。

条件次第で値が用意できない場合が存在する。たとえば割り算の結果の値を返す関数を考える。

```
    int divide( int a, int b )
    {
        if ( b == 0 )
        {
            // エラー処理
```

```cpp
    }
    else
        return a / b ;
}
```

ゼロで除算はできないので、bの値が0の場合、この関数は値を用意することができない。問題は、`int`型のすべての値は通常の除算結果として使われるので、エラーであることを示す特別な値を返すこともできない。

このような場合にエラーや値を通知する方法として、過去にさまざまな方法が考案された。たとえば、ポインターやリファレンスを実引数として受け取る方法、グローバル変数を使う方法、例外だ。

`optional`はこのような値が用意できない場合に使える共通の方法を提供する。

```cpp
std::optional<int> divide( int a, int b )
{
    if ( b == 0 )
        return {} ;
    else
        return { a / b } ;
}

int main()
{
    auto result = divide( 10, 2 ) ;
    // 値の取得
    auto value = result.value() ;

    // ゼロ除算
    auto fail = divide( 10, 0 ) ;

    // false、値を保持していない
    bool has_value = fail.has_value() ;

    // throw bad_optional_access
    auto get_value_anyway = fail.value() ;
}
```

4.3.2 optional のテンプレート実引数

optional<T> は T 型の値を保持するか、もしくは保持しない状態を取る。

```
int main()
{
    // int 型の値を保持するかしない optional
    using a = std::optional<int> ;
    // double 型の値を保持するかしない optional
    using b = std::optional<double> ;
}
```

4.3.3 optional の構築

optional をデフォルト構築すると、値を保持しない optional になる。

```
int main()
{
    // 値を保持しない
    std::optional<int> a ;
}
```

コンストラクターの実引数に std::nullopt を渡すと、値を保持しない optional になる。

```
int main()
{
    // 値を保持しない
    std::optional<int> a( std::nullopt ) ;
}
```

optional<T> のコンストラクターの実引数に T 型に変換できる型を渡すと、T 型の値に型変換して保持する。

```
int main()
{
    // int 型の値 42 を保持する
    std::optional<int> a(42) ;

    // double 型の値 1.0 を保持する
```

```
        std::optional<double> b( 1.0 ) ;

        // int から double への型変換が行われる
        // int 型の値 1 を保持する
        std::optional<int> c ( 1.0 ) ;
    }
```

T 型から U 型に型変換できるとき、optional<T> のコンストラクターに optional<U> を渡すと U から T に型変換されて T 型の値を保持する optional になる。

```
    int main()
    {
        // int 型の値 42 を保持する
        std::optional<int> a( 42 ) ;

        // long 型の値 42 を保持する
        std::optional<long> b ( a ) ;
    }
```

optional のコンストラクターの第一引数に std::in_place_type<T> を渡すと、後続の引数を使って T 型のオブジェクトが emplace 構築される。

```
    struct X
    {
        X( int, int ) { }
    } ;

    int main()
    {
        // X(1, 2)
        std::optional<X> o( std::in_place_type<X>, 1, 2 ) ;
    }
```

4.3.4 optional の代入

通常のプログラマーの期待どおりの挙動をする。std::nullopt を代入すると値を保持しない optional になる。

4.3.5 optional の破棄

optional が破棄されるとき、保持している値があれば、適切に破棄される。

```
struct X
{
    ~X() { }
} ;

int main()
{
    {
        // 値を保持する
        std::optional<X> o ( X{} ) ;
        // X のデストラクターが呼ばれる
    }

    {
        // 値を保持しない
        std::optional<X> o ;
        // X のデストラクターは呼ばれない
    }
}
```

4.3.6 swap

optional は swap に対応している。

```
int main()
{
    std::optional<int> a(1), b(2) ;

    a.swap(b) ;
}
```

4.3.7 has_value : 値を保持しているかどうか確認する

```
constexpr bool has_value() const noexcept;
```

has_valueメンバー関数はoptionalが値を保持している場合、trueを返す。

```cpp
int main()
{
    std::optional<int> a ;
    // false
    bool b1 = a.has_value() ;

    std::optional<int> b(42) ;
    // true
    bool b2 = b.has_value() ;
}
```

4.3.8 operator bool : 値を保持しているかどうか確認する

```cpp
constexpr explicit operator bool() const noexcept;
```

optionalを文脈上boolに変換すると、値を保持している場合にのみtrueとして評価される。

```cpp
int main()
{
    std::optional<bool> a = some_function();
    // OK、文脈上 bool に変換
    if ( a )
    {
        // 値を保持
    }
    else
    {
        // 値を不保持
    }

    // エラー、暗黙の型変換は行われない
    bool b1 = a ;
    // OK、明示的な型変換
    bool b2 = static_cast<bool>(a) ;
}
```

4.3.9 value : 保持している値を取得

```
constexpr const T& value() const&;
constexpr T& value() &;
constexpr T&& value() &&;
constexpr const T&& value() const&&;
```

value メンバー関数は optional が値を保持している場合、値へのリファレンスを返す。値を保持していない場合、std::bad_optional_access が throw される。

```
int main()
{
    std::optional<int> a(42) ;

    // OK
    int x = a.value () ;

    try {
        std::optional<int> b ;
        int y = b.value() ;
    } catch( std::bad_optional_access e )
    {
        // 値を保持していなかった
    }
}
```

4.3.10 value_or : 値もしくはデフォルト値を返す

```
template <class U> constexpr T value_or(U&& v) const&;
template <class U> constexpr T value_or(U&& v) &&;
```

value_or(v) メンバー関数は、optional が値を保持している場合はその値を、保持していない場合は v を返す。

```
int main()
{
    std::optional<int> a( 42 ) ;

    // 42
```

```
    int x = a.value_or(0) ;

    std::optional<int> b ;

    // 0
    int x = b.value_or(0) ;
}
```

4.3.11　reset : 保持している値を破棄する

reset メンバー関数を呼び出すと、保持している値がある場合破棄する。reset メンバー関数を呼び出した後の optional は値を保持しない状態になる。

```
int main()
{
    std::optional<int> a( 42 ) ;

    // true
    bool b1 = a.has_value() ;

    a.reset() ;

    // false
    bool b2 = a.has_value() ;
}
```

4.3.12　optional 同士の比較

optional<T> を比較するためには、T 型のオブジェクト同士が比較できる必要がある。

同一性の比較

値を保持しない 2 つの optional は等しい。片方のみが値を保持している optional は等しくない。両方とも値を保持している optional は値による比較になる。

```
int main()
{
    std::optional<int> a, b ;
```

4.3 optional : 値を保有しているか、していないクラス

```
    // true
    // どちらも値を保持しない optional
    bool b1 = a == b ;

    a = 0 ;

    // false
    // a のみ値を保持
    bool b2 = a == b ;

    b = 1 ;

    // false
    // どちらも値を保持。値による比較
    bool b3 = a == b ;
}
```

大小比較

optional 同士の大小比較は、a < b の場合

1. b が値を保持していなければ false
2. それ以外の場合で、a が値を保持していなければ true
3. それ以外の場合、a と b の保持している値同士の比較

となる。

```
int main()
{
    std::optional<int> a, b ;

    // false
    // b が値なし
    bool b1 = a < b ;

    b = 0 ;

    // true
    // b は値ありで a が値なし
    bool b2 = a < b ;
```

```
        a = 1 ;

        // false
        // どちらとも値があるので値同士の比較
        // 1 < 0 は false
        bool b3 = a < b ;
    }
```

4.3.13 optional と std::nullopt との比較

 optional と std::nullopt との比較は、std::nullopt が値を持っていない optional として扱われる。

4.3.14 optional<T> と T の比較

 optional<T> と T 型の比較では、optional<t> が値を保持していない場合 false が返る。それ以外の場合、optional の保持している値と T が比較される。

```
    int main()
    {
        std::optional<int> o(1) ;

        // true
        bool b1 = ( o == 1 ) ;
        // false
        bool b2 = ( o == 0 ) ;

        // o は値を保持しない
        o.reset() ;

        // T の値にかかわらず false
        // false
        bool b3 = ( o == 1 ) ;
        // false
        bool b4 = ( o == 0 ) ;
    }
```

4.3.15 make_optional<T> : optional<T> を返す

```
template <class T>
constexpr optional<decay_t<T>> make_optional(T&& v);
```

`make_optional<T>(T t)` は `optional<T>(t)` を返す。

```
int main()
{
    // std::optional<int>、値は 0
    auto o1 = std::make_optional( 0 ) ;

    // std::optional<double>、値は 0.0
    auto o2 = std::make_optional( 0.0 ) ;
}
```

4.3.16 make_optional<T, Args ... > : optional<T> を in_place_type 構築して返す

`make_optional` の第一引数が T 型ではない場合、`in_place_type` 構築するオーバーロード関数が選ばれる。

```
struct X
{
    X( int, int ) { }
} ;

int main()
{
    // std::optional<X>( std::in_place_type<X>, 1, 2 )
    auto o = std::make_optional<X>( 1, 2 ) ;
}
```

第 5 章

string_view：文字列ラッパー

string_view は、文字型（char, wchar_t, char16_t, char32_t）の連続した配列で表現された文字列に対する共通の文字列ビューを提供する。文字列は所有しない。

5.1 使い方

連続した文字型の配列を使った文字列の表現方法にはさまざまある。C++ では最も基本的な文字列の表現方法として、null 終端された文字型の配列がある。

```
char str[6] = { 'h', 'e', 'l', 'l', 'o', '\0' } ;
```

あるいは、文字型の配列と文字数で表現することもある。

```
// size は文字数
std::size_t size
char * ptr ;
```

このような表現をいちいち管理するのは面倒なので、クラスで包むこともある。

```
class string_type
{
    std::size_t size ;
    char *ptr
} ;
```

このように文字列を表現する方法はさまざまある。これらのすべてに対応していると、表現の数だけ関数のオーバーロードが追加されていくことになる。

```
// null 終端文字列用
void process_string( char * ptr ) ;
// 配列へのポインターと文字数
```

第 5 章　string_view : 文字列ラッパー

```cpp
void process_string( char * ptr, std::size_t size ) ;
// std::string クラス
void process_string( std::string s ) ;
// 自作の string_type クラス
void process_string( string_type s ) ;
// 自作の my_string_type クラス
void process_string( my_string_type s ) ;
```

string_view はさまざまな表現の文字列に対して共通の view を提供することで、この問題を解決できる。もう関数のオーバーロードを大量に追加する必要はない。

```cpp
// 自作の string_type
struct string_type
{
    std::size_t size ;
    char * ptr ;

    // string_view に対応する変換関数
    operator std::string_view() const noexcept
    {
        return std::string_view( ptr, size ) ;
    }
}

// これ 1 つだけでよい
void process_string( std::string_view s ) ;

int main()
{
    // OK
    process_string( "hello" ) ;
    // OK
    process_string( { "hello", 5 } ) ;

    std::string str( "hello" ) ;
    process_string( str ) ;

    string_type st{5, "hello"} ;
```

```
        process_string( st ) ;
}
```

5.2　basic_string_view

`std::string` が `std::basic_string< CharT, Traits >` に対する `std::basic_string<char>` であるように、`std::string_view` も、その実態は `std::basic_string_view`の特殊化への`typedef`名だ。

```
// 本体
template<class charT, class traits = char_traits<charT>>
class basic_string_view ;

// それぞれの文字型のtypedef名
using string_view = basic_string_view<char>;
using u16string_view = basic_string_view<char16_t>;
using u32string_view = basic_string_view<char32_t>;
using wstring_view = basic_string_view<wchar_t>;
```

なので、通常は`basic_string_view`ではなく、`string_view`とか`u16string_view`などの`typedef`名を使うことになる。本書では`string_view`だけを解説するが、その他の`typedef`名も文字型が違うだけで同じだ。

5.3　文字列の所有、非所有

`string_view`は文字列を所有しない。所有というのは、文字列を表現するストレージの確保と破棄に責任を持つということだ。所有しないことの意味を説明するために、まず文字列を所有するライブラリについて説明する。

`std::string`は文字列を所有する。`std::string`風のクラスの実装は、たとえば以下のようになる。

```
class string
{
    std::size_t size ;
    char * ptr ;

public :
```

```cpp
        // 文字列を表現するストレージの動的確保
        string ( char const * str )
        {
            size = std::strlen( str ) ;
            ptr = new char[size+1] ;
            std::strcpy( ptr, str ) ;
        }

        // コピー
        // 別のストレージを動的確保
        string ( string const & r )
            : size( r.size ), ptr ( new char[size+1] )
        {
            std::strcpy( ptr, r.ptr ) ;
        }

        // ムーブ
        // 所有権の移動
        string ( string && r )
            : size( r.size ), ptr( r.ptr )
        {
            r.size = 0 ;
            r.ptr = nullptr ;
        }

        // 破棄
        // 動的確保したストレージを解放
        ~string()
        {
            delete[] ptr ;
        }

    } ;
```

　`std::string`は文字列を表現するストレージを動的に確保し、所有する。コピーは別のストレージを確保する。ムーブするときはストレージの所有権を移す。デストラクターは所有しているストレージを破棄する。
　`std::string_view`は文字列を所有しない。`std::string_view`風のクラスの実装

は、たとえば以下のようになる。

```cpp
class string_view
{
    std::size_t size ;
    char const * ptr ;

public :

    // 所有しない
    // str の参照先の寿命は呼び出し側が責任を持つ
    string_view( char const * str ) noexcept
        : size( std::strlen(str) ), ptr( str )
    { }

    // コピー
    // メンバーごとのコピーだけでよいのでdefault化するだけでよい
    string_view( string_view const & r ) noexcept = default ;

    // ムーブはコピーと同じ
    // 所有しないので所有権の移動もない

    // 破棄
    // 何も解放するストレージはない
    // デストラクターもトリビアルでよい
} ;
```

string_view に渡した連続した文字型の配列へのポインターの寿命は、渡した側が責任を持つ。つまり、以下のようなコードは間違っている。

```cpp
std::string_view get_string()
{
    char str[] = "hello" ;

    // エラー
    // str の寿命は関数の呼び出し元に戻った時点で尽きている
    return str ;
}
```

5.4 string_view の構築

string_view の構築には 4 種類ある。

- デフォルト構築
- null 終端された文字型の配列へのポインター
- 文字型の配列へのポインターと文字数
- 文字列クラスからの変換関数

5.4.1 デフォルト構築

```
constexpr basic_string_view() noexcept;
```

string_view のデフォルト構築は、空の string_view を作る。

```
int main()
{
    // 空の string_view
    std::string_view s ;
}
```

5.4.2 null 終端された文字型の配列へのポインター

```
constexpr basic_string_view(const charT* str);
```

この string_view のコンストラクターは、null 終端された文字型へのポインターを受け取る。

```
int main()
{
    std::string_view s( "hello" ) ;
}
```

5.4.3 文字型へのポインターと文字数

```
constexpr basic_string_view(const charT* str, size_type len);
```

この `string_view` のコンストラクターは、文字型の配列へのポインターと文字数を受け取る。ポインターは `null` 終端されていなくてもよい。

```
int main()
{
    char str[] = {'h', 'e', 'l', 'l', 'o'} ;

    std::string_view s( str, 5 ) ;
}
```

5.4.4 文字列クラスからの変換関数

他の文字列クラスから `string_view` を作るには、変換関数を使う。`string_view` のコンストラクターは使わない。

`std::string` は `string_view` への変換関数をサポートしている。独自の文字列クラスを `string_view` に対応させるにも変換関数を使う。たとえば以下のように実装する。

```
class string
{
    std::size_t size ;
    char * ptr ;
public :
    operator std::string_view() const noexcept
    {
        return std::string_view( ptr, size ) ;
    }
} ;
```

これにより、`std::string` から `string_view` への変換が可能になる。

```
int main()
{
    std::string s = "hello" ;
    std::string_view sv = s ;
}
```

コレと同じ方法を使えば、独自の文字列クラスも `string_view` に対応させることができる。

`std::string` は `string_view` を受け取るコンストラクターを持っているので、

string_viewからstringへの変換もできる。

```cpp
int main()
{
    std::string_view sv = "hello" ;

    // コピーされる
    std::string s = sv ;
}
```

5.5 string_viewの操作

string_viewは既存の標準ライブラリのstringとほぼ同じ操作性を提供している。たとえばイテレーターを取ることができるし、operator []で要素にアクセスできるし、size()で要素数が返るし、find()で検索もできる。

```cpp
template < typename T >
void f( T t )
{
    for ( auto c : t )
    {
        std::cout << c ;
    }

    if ( t.size() > 3 )
    {
        auto c = t[3] ;
    }

    auto pos = t.find( "fox" ) ;
}

int main()
{
    std::string s("quick brown fox jumps over the lazy dog.") ;

    f( s ) ;
```

5.5 string_view の操作

```
    std::string_view sv = s ;

    f( sv ) ;
}
```

string_view は文字列を所有しないので、文字列を書き換える方法を提供していない。

```
int main()
{
    std::string s = "hello" ;

    s[0] = 'H' ;
    s += ",world" ;

    std::string_view sv = s ;

    // エラー
    // string_view は書き換えられない
    sv[0] = 'h' ;
    s += ".\n" ;
}
```

string_view は文字列を所有せず、ただ参照しているだけだからだ。

```
int main()
{
    std::string s = "hello" ;
    std::string_view sv = s ;

    // "hello"
    std::cout << sv ;

    s = "world" ;

    // "world"
    // string_view は参照しているだけ
    std::cout << sv ;
}
```

string_view は string とほぼ互換性のあるメンバーを持っているが、一部の文字列を変更するメンバーは削除されている。

5.5.1　remove_prefix/remove_suffix：先頭、末尾の要素の削除

string_view は先頭と末尾から n 個の要素を削除するメンバー関数を提供している。

```
constexpr void remove_prefix(size_type n);
constexpr void remove_suffix(size_type n);
```

string_view にとって、先頭と末尾から n 個の要素を削除するのは、ポインターを n 個ずらすだけなので、これは文字列を所有しない string_view でも行える操作だ。

```
int main()
{
    std::string s = "hello" ;

    std::string_view s1 = s ;

    // "lo"
    s1.remove_prefix(3) ;

    std::string_view s2 = s ;

    // "he"
    s2.remove_suffix(3) ;
}
```

このメンバー関数は既存の std::string にも追加されている。

5.6　ユーザー定義リテラル

std::string と std::string_view にはユーザー定義リテラルが追加されている。

```
string operator""s(const char* str, size_t len);
u16string operator""s(const char16_t* str, size_t len);
u32string operator""s(const char32_t* str, size_t len);
wstring operator""s(const wchar_t* str, size_t len);
```

5.6 ユーザー定義リテラル

```cpp
constexpr string_view
operator""sv(const char* str, size_t len) noexcept;

constexpr u16string_view
operator""sv(const char16_t* str, size_t len) noexcept;

constexpr u32string_view
operator""sv(const char32_t* str, size_t len) noexcept;

constexpr wstring_view
operator""sv(const wchar_t* str, size_t len) noexcept;
```

以下のように使う。

```cpp
int main()
{
    using namespace std::literals ;

    // std::string
    auto s = "hello"s ;

    // std::string_view
    auto sv = "hello"sv ;
}
```

第6章
メモリーリソース：動的ストレージ確保ライブラリ

ヘッダーファイル `<memory_resource>` で定義されているメモリーリソースは、動的ストレージを確保するための C++17 で追加されたライブラリだ。その特徴は以下のとおり。

- アロケーターに変わる新しいインターフェースとしてのメモリーリソース
- ポリモーフィックな振る舞いを可能にするアロケーター
- 標準で提供されるさまざまな特性を持ったメモリーリソースの実装

6.1 メモリーリソース

メモリーリソースはアロケーターに変わる新しいメモリー確保と解放のためのインターフェースとしての抽象クラスだ。コンパイル時に挙動を変える静的ポリモーフィズム設計のアロケーターと違い、メモリーリソースは実行時に挙動を変える動的ポリモーフィズム設計となっている。

```
void f( memory_resource * mem )
{
    // 10 バイトのストレージを確保
    auto ptr = mem->allocate( 10 ) ;
    // 確保したストレージを解放
    mem->deallocate( ptr ) ;
}
```

クラス `std::pmr::memory_resource` の宣言は以下のとおり。

```
namespace std::pmr {
```

```
    class memory_resource {
    public:
        virtual ~ memory_resource();
        void* allocate(size_t bytes, size_t alignment = max_align);
        void deallocate(void* p, size_t bytes,
                        size_t alignment = max_align);
        bool is_equal(const memory_resource& other) const noexcept;

    private:
        virtual void* do_allocate(size_t bytes, size_t alignment) = 0;
        virtual void do_deallocate( void* p, size_t bytes,
                                    size_t alignment) = 0;
        virtual bool do_is_equal(const memory_resource& other)
            const noexcept = 0;
    };

}
```

クラス memory_resource は std::pmr 名前空間スコープの中にある。

6.1.1　メモリーリソースの使い方

memory_resource を使うのは簡単だ。memory_resource のオブジェクトを確保したら、メンバー関数 allocate(bytes, alignment) でストレージを確保する。メンバー関数 deallocate(p, bytes, alignment) でストレージを解放する。

```
void f( std::pmr::memory_resource * mem )
{
    // 100 バイトのストレージを確保
    void * ptr = mem->allocate( 100 ) ;
    // ストレージを解放
    mem->deallocate( ptr, 100 ) ;
}
```

2つの memory_resource のオブジェクト a, b があるとき、一方のオブジェクトで確保したストレージをもう一方のオブジェクトで解放できるとき、a.is_equal(b) は true を返す。

```
void f( std::pmr::memory_resource * a, std::pmr::memory_resource * b )
```

```
{
    void * ptr = a->allocate( 1 ) ;

    // a で確保したストレージは b で解放できるか？
    if ( a->is_equal( *b ) )
    {// できる
        b->deallocate( ptr, 1 ) ;
    }
    else
    {// できない
        a->deallocate( ptr, 1 ) ;
    }
}
```

`is_equal` を呼び出す operator == と operator != も提供されている。

```
void f( std::pmr::memory_resource * a, std::pmr::memory_resource * b )
{
    bool b1 = ( *a == *b ) ;
    bool b2 = ( *a != *b ) ;
}
```

6.1.2 メモリーリソースの作り方

独自のメモリーアロケーターを `memory_resource` のインターフェースに合わせて作るには、`memory_resource` から派生した上で、`do_allocate`, `do_deallocate`, `do_is_equal` の3つの private 純粋 virtual メンバー関数をオーバーライドする。必要に応じてデストラクターもオーバーライドする。

```
class memory_resource {
    // 非公開
    static constexpr size_t max_align = alignof(max_align_t);

public:
    virtual ~ memory_resource();

private:
    virtual void* do_allocate(size_t bytes, size_t alignment) = 0;
    virtual void do_deallocate( void* p, size_t bytes,
```

```
                                        size_t alignment) = 0;
    virtual bool do_is_equal(const memory_resource& other)
        const noexcept = 0;
};
```

do_allocate(bytes, alignment) は少なくとも alignment バイトでアライメントされた bytes バイトのストレージへのポインターを返す。ストレージが確保できなかった場合は、適切な例外を throw する。

do_deallocate(p, bytes, alignment) は事前に同じ *this から呼び出された allocate(bytes, alignment) で返されたポインター p を解放する。すでに解放されたポインター p を渡してはならない。例外は投げない。

do_is_equal(other) は、*this と other が互いに一方で確保したストレージをもう一方で解放できる場合に true を返す。

たとえば、malloc/free を使った memory_resource の実装は以下のとおり。

```
// malloc/free を使ったメモリーリソース
class malloc_resource : public std::pmr::memory_resource
{
public :
    //
    ~malloc_resource() { }
private :
    // ストレージの確保
    // 失敗した場合 std::bad_alloc を throw する
    virtual void *
    do_allocate( std::size_t bytes, std::size_t alignment ) override
    {
        void * ptr = std::malloc( bytes ) ;
        if ( ptr == nullptr )
        { throw std::bad_alloc{} ; }

        return ptr ;
    }

    // ストレージの解放
    virtual void
    do_deallocate(  void * p, std::size_t bytes,
                    std::size_t alignment ) override
    {
```

```
            std::free( p ) ;
        }

        virtual bool
        do_is_equal( const memory_resource & other )
            const noexcept override
        {
            return dynamic_cast< const malloc_resource * >
                        ( &other ) != nullptr ;
        }

    } ;
```

`do_allocate` は `malloc` でストレージを確保し、`do_deallocate` は `free` でストレージを解放する。メモリーリソースで 0 バイトのストレージを確保しようとしたときの規定はないので、`malloc` の挙動に任せる。`malloc` は 0 バイトのメモリーを確保しようとしたとき、C11 では規定がない。POSIX では `null` ポインターを返すか、`free` で解放可能な何らかのアドレスを返すものとしている。

`do_is_equal` は、`malloc_resource` でさえあればどのオブジェクトから確保されたストレージであっても解放できるので、`*this` が `malloc_resource` であるかどうかを `dynamic_cast` で確認している。

6.2　polymorphic_allocator：動的ポリモーフィズムを実現するアロケーター

`std::pmr::polymorphic_allocator` はメモリーリソースを動的ポリモーフィズムとして振る舞うアロケーターにするためのライブラリだ。

従来のアロケーターは、静的ポリモーフィズムを実現するために設計されていた。たとえば独自の `custom_int_allocator` 型を使いたい場合は以下のように書く。

```
    std::vector< int, custom_int_allocator > v ;
```

コンパイル時に使うべきアロケーターが決定できる場合はこれでいいのだが、実行時にアロケーターを選択したい場合、アロケーターをテンプレート引数に取る設計は問題になる。

そのため、C++17 ではメモリーリソースをコンストラクター引数に取り、メモリーリソースからストレージを確保する実行時ポリモーフィックの振る舞いをする `std::pmr::polymorphic_allocator` が追加された。

たとえば、標準入力から true か false が入力されたかによって、システムのデフォルトのメモリーリソースと、monotonic_buffer_resource を実行時に切り替えるには、以下のように書ける。

```cpp
int main()
{
    bool b;

    std::cin >> b ;

    std::pmr::memory_resource * mem ;
    std::unique_ptr< memory_resource > mono ;

    if ( b )
    { // デフォルトのメモリーリソースを使う
        mem = std::pmr::get_default_resource() ;
    }
    else
    { // モノトニックバッファーを使う
        mono = std::make_unique< std::pmr::monotonic_buffer_resource >
                ( std::pmr::get_default_resource() ) ;
        mem = mono.get() ;
    }

    std::vector< int, std::pmr::polymorphic_allocator<int> >
        v( std::pmr::polymorphic_allocator<int>( mem ) ) ;
}
```

std::pmr::polymorphic_allocator は以下のように宣言されている。

```cpp
namespace std::pmr {

template <class T>
class polymorphic_allocator ;

}
```

テンプレート実引数には std::allocator<T> と同じく、確保する型を与える。

6.2.1 コンストラクター

```
polymorphic_allocator() noexcept;
polymorphic_allocator(memory_resource* r);
```

`std::pmr::polymorphic_allocator` のデフォルトコンストラクターは、メモリーリソースを `std::pmr::get_default_resource()` で取得する。

`memory_resource *` を引数に取るコンストラクターは、渡されたメモリーリソースをストレージ確保に使う。`polymorphic_allocator` の生存期間中、メモリーリソースへのポインターは妥当なものでなければならない。

```
int main()
{
    // p1( std::pmr::get_default_resource () ) と同じ
    std::pmr::polymorphic_allocator<int> p1 ;

    std::pmr::polymorphic_allocator<int> p2(
        std::pmr::get_default_resource() ) ;
}
```

後は通常のアロケーターと同じように振る舞う。

6.3 プログラム全体で使われるメモリーリソースの取得

C++17 では、プログラム全体で使われるメモリーリソースへのポインターを取得することができる。

6.3.1 new_delete_resource()

```
memory_resource* new_delete_resource() noexcept ;
```

関数 `new_delete_resource` はメモリーリソースへのポインターを返す。参照されるメモリーリソースは、ストレージの確保に `::operator new` を使い、ストレージの解放に `::operator delete` を使う。

```
int main()
{
    auto mem = std::pmr::new_delete_resource() ;
}
```

143

6.3.2 null_memory_resource()

```
memory_resource* null_memory_resource() noexcept ;
```

関数 `null_memory_resource` はメモリーリソースへのポインターを返す。参照されるメモリーリソースの `allocate` は必ず失敗し、`std::bad_alloc` を `throw` する。`deallocate` は何もしない。

このメモリーリソースは、ストレージの確保に失敗した場合のコードをテストする目的で使える。

6.3.3 デフォルトリソース

```
memory_resource* set_default_resource(memory_resource* r) noexcept ;
memory_resource* get_default_resource() noexcept ;
```

デフォルト・メモリーリソース・ポインターとは、メモリーリソースを明示的に指定することができない場合に、システムがデフォルトで利用するメモリーリソースへのポインターのことだ。初期値は `new_delete_resource()` の戻り値となっている。

現在のデフォルト・メモリーリソース・ポインターと取得するためには、関数 `get_default_resource` を使う。デフォルト・メモリーリソース・ポインターを独自のメモリーリソースに差し替えるには、関数 `set_default_resource` を使う。

```cpp
int main()
{
    // 現在のデフォルトのメモリーリソースへのポインター
    auto init_mem = std::pmr::get_default_resource() ;

    std::pmr::synchronized_pool_resource pool_mem ;

    // デフォルトのメモリーリソースを変更する
    std::pmr::set_default_resource( &pool_mem ) ;

    auto current_mem = std::pmr::get_default_resource() ;

    // true
    bool b = current_mem == pool_mem ;
}
```

6.4 標準ライブラリのメモリーリソース

標準ライブラリはメモリーリソースの実装として、プールリソースとモノトニックリソースを提供している。このメモリーリソースの詳細は後に解説するが、ここではそのための事前知識として、汎用的なメモリーアロケーター一般の解説をする。

プログラマーはメモリーを気軽に確保している。たとえば 47 バイトとか 151 バイトのような中途半端なサイズのメモリーを以下のように気軽に確保している。

```
int main()
{
    auto mem = std::get_default_resource() ;

    auto p1 = mem->allocate( 47 ) ;
    auto p2 = mem->allocate( 151 ) ;

    mem->deallocate( p1 ) ;
    mem->deallocate( p2 ) ;
}
```

しかし、残念ながら現実のハードウェアや OS のメモリー管理は、このように柔軟にはできていない。たとえば、あるアーキテクチャと OS では、メモリーはページサイズと呼ばれる単位でしか確保できない。そして最小のページサイズですら 4K バイトであったりする。もしシステムの低級なメモリー管理を使って上のコードを実装しようとすると、47 バイト程度のメモリーを使うのに 3K バイト超の無駄が生じることになる。

他にもアライメントの問題がある。アーキテクチャによってはメモリーアドレスが適切なアライメントに配置されていないとメモリーアクセスができないか、著しくパフォーマンスが落ちることがある。

`malloc` や `operator new` などのメモリーアロケーターは、低級なメモリー管理を隠匿し、小さなサイズのメモリー確保を効率的に行うための実装をしている。

一般的には、大きな連続したアドレス空間のメモリーを確保し、その中に管理用のデータ構造を作り、メモリーを必要なサイズに切り出す。

```
// 実装イメージ

// ストレージを分割して管理するためのリンクリストデータ構造
struct alignas(std::max_align_t) chunk
```

```cpp
    {
        chunk * next ;
        chunk * prev ;
        std::size_t size ;
    } ;

    class memory_allocator : public std::pmr::memory_resource
    {
        chunk * ptr ; // ストレージの先頭へのポインター
        std::size_t size ; // ストレージのサイズ
        std::mutex m ; // 同期用


    public :

        memory_allocator()
        {
            // 大きな連続したストレージを確保
        }

        virtual void *
        do_allocate( std::size_t bytes, std::size_t alignment ) override
        {
            std::scoped_lock lock( m ) ;
            // リンクリストをたどり、十分な大きさの未使用領域を探し、リンクリスト構造体を
            // 構築して返す
            // アライメント要求に注意
        }

        virtual void *
        do_allocate( std::size_t bytes, std::size_t alignment ) override
        {
            std::scoped_lock lock( m ) ;
            // リンクリストから該当する部分を削除
        }

        virtual bool
        do_is_equal( const memory_resource & other )
```

```
            const noexcept override
        {
            // *this と other で相互にストレージを解放できるかどうか返す
        }
    } ;
```

6.5　プールリソース

　プールリソースは C++17 の標準ライブラリが提供しているメモリーリソースの実装だ。synchronized_pool_resource と unsynchronized_pool_resource の 2 つがある。

6.5.1　アルゴリズム

プールリソースは以下のような特徴を持つ。

- プールリソースのオブジェクトが破棄されるとき、そのオブジェクトから allocate で確保したストレージは、明示的に deallocate を呼ばずとも解放される。

    ```
    void f()
    {
        std::pmr::synchronized_pool_resource mem ;
        mem.allocate( 10 ) ;

        // 確保したストレージは破棄される
    }
    ```

- プールリソースの構築時に、上流メモリーリソースを与えることができる。プールリソースは上流メモリーリソースからチャンクのためのストレージを確保する。

    ```
    int main()
    {
        // get_default_resource() が使われる
        std::pmr::synchronized_pool_resource m1 ;

        // 独自の上流メモリーリソースを指定
        custom_memory_resource mem ;
        std::pmr::synchronized_pool_resource m2( &mem ) ;
    ```

}

- プールリソースはストレージを確保する上流メモリーリソースから、プールと呼ばれる複数のストレージを確保する。プールは複数のチャンクを保持している。チャンクは複数の同一サイズのブロックを保持している。プールリソースに対する do_allocate(size, alignment) は、少なくとも size バイトのブロックサイズのプールのいずれかのチャンクのブロックが割り当てられる。
もし、最大のブロックサイズを超えるサイズのストレージを確保しようとした場合、上流メモリーリソースから確保される。

```
// 実装イメージ

namespace std::pmr {

// チャンクの実装
template < size_t block_size >
class chunk
{
    blocks<block_size> b ;
}

// プールの実装
template < size_t block_size >
class pool : public memory_resource
{
    chunks<block_size> c ;
} ;

class pool_resource : public memory_resource
{
    // それぞれのブロックサイズのプール
    pool<8> pool_8bytes ;
    pool<16> pool_16bytes ;
    pool<32> pool_32bytes ;

    // 上流メモリーリソース
    memory_resource * mem ;
```

```
        virtual void * do_allocate( size_t bytes, size_t alignment ) override
        {
            // 対応するブロックサイズのプールにディスパッチ
            if ( bytes <= 8 )
                return pool_8bytes.allocate( bytes, alignment ) ;
            else if ( bytes <= 16 )
                return pool_16bytes.allocate( bytes, alignment ) ;
            else if ( bytes < 32 )
                return pool_32bytes.allocate( bytes, alignment ) ;
            else
            // 最大ブロックサイズを超えたので上流メモリーリソースにディスパッチ
                return mem->allocate( bytes, alignment ) ;
        }
    } ;

}
```

- プールリソースは構築時に `pool_options` を渡すことにより、最大ブロックサイズと最大チャンクサイズを設定できる。
- マルチスレッドから呼び出しても安全な同期を取る `synchronized_pool_resource` と、同期を取らない `unsynchronized_pool_resource` がある。

6.5.2　synchronized/unsynchronized_pool_resource

　プールリソースには、`synchronized_pool_resource` と `unsynchronized_pool_resource` がある。どちらもクラス名以外は同じように使える。ただし、`synchronized_pool_resource` は複数のスレッドから同時に実行しても使えるように内部で同期が取られているのに対し、`unsynchronized_pool_resource` は同期を行わない。`unsynchronized_pool_resource` は複数のスレッドから同時に呼び出すことはできない。

```
    // 実装イメージ

    namespace std::pmr {

    class synchronized_pool_resource : public memory_resource
```

```cpp
{
    std::mutex m ;

    virtual void *
    do_allocate( size_t size, size_t alignment ) override
    {
        // 同期する
        std::scoped_lock l(m) ;
        return do_allocate_impl( size, alignment ) ;
    }
} ;

class unsynchronized_pool_resource : public memory_resource
{
    virtual void *
    do_allocate( size_t size, size_t alignment ) override
    {
        // 同期しない
        return do_allocate_impl( size, alignment ) ;
    }
} ;

}
```

6.5.3 pool_options

`pool_options`はプールリソースの挙動を指定するためのクラスで、以下のように定義されている。

```cpp
namespace std::pmr {

struct pool_options {
    size_t max_blocks_per_chunk = 0;
    size_t largest_required_pool_block = 0;
};

}
```

このクラスのオブジェクトをプールリソースのコンストラクターに与えることで、プールリソースの挙動を指定できる。ただし、`pool_options`による指定はあくまでも目安で、実装には従う義務はない。

`max_blocks_per_chunk`は、上流メモリーリソースからプールのチャンクを補充する際に一度に確保する最大のブロック数だ。この値がゼロか、実装の上限より大きい場合、実装の上限が使われる。実装は指定よりも小さい値を使うことができるし、またプールごとに別の値を使うこともできる。

`largest_required_pool_block`はプール機構によって確保される最大のストレージのサイズだ。この値より大きなサイズのストレージを確保しようとすると、上流メモリーストレージから直接確保される。この値がゼロか、実装の上限よりも大きい場合、実装の上限が使われる。実装は指定よりも大きい値を使うこともできる。

6.5.4 プールリソースのコンストラクター

プールリソースの根本的なコンストラクターは以下のとおり。`synchronized`と`unsynchronized`どちらも同じだ。

```
pool_resource(const pool_options& opts, memory_resource* upstream);

pool_resource()
: pool_resource(pool_options(), get_default_resource()) {}
explicit pool_resource(memory_resource* upstream)
: pool_resource(pool_options(), upstream) {}
explicit pool_resource(const pool_options& opts)
: pool_resource(opts, get_default_resource()) {}
```

`pool_options`と`memory_resource *`を指定する。指定しない場合はデフォルト値が使われる。

6.5.5 プールリソースのメンバー関数
release()

```
void release();
```

確保したストレージすべてを解放する。たとえ明示的に`deallocate`を呼び出されていないストレージも解放する。

```
int main()
{
    synchronized_pool_resource mem ;
```

```
        void * ptr = mem.allocate( 10 ) ;

        // ptr は解放される
        mem.release() ;

    }

**upstream_resource()**

    memory_resource* upstream_resource() const;

構築時に渡した上流メモリーリソースへのポインターを返す。

**options()**

    pool_options options() const;

構築時に渡した`pool_options`オブジェクトと同じ値を返す。

## 6.6　モノトニックバッファーリソース

　モノトニックバッファーリソースはC++17で標準ライブラリに追加されたメモリーリソースの実装だ。クラス名は`monotonic_buffer_resource`。

　モノトニックバッファーリソースは高速にメモリーを確保し、一気に解放するという用途に特化した特殊な設計をしている。モノトニックバッファーリソースはメモリー解放をせず、メモリー使用量がモノトニックに増え続けるので、この名前が付いている。

　たとえばゲームで1フレームを描画する際に大量に小さなオブジェクトのためのストレージを確保し、その後確保したストレージをすべて解放したい場合を考える。通常のメモリーアロケーターでは、メモリー片を解放するためにメモリー全体に構築されたデータ構造をたどり、データ構造を書き換えなければならない。この処理は高くつく。すべてのメモリー片を一斉に解放してよいのであれば、データ構造をいちいちたどったり書き換えたりする必要はない。メモリーの管理は、単にポインターだけでよい。

    // 実装イメージ

    namespace std::pmr {
```

6.6 モノトニックバッファーリソース

```
class monotonic_buffer_resource : public memory_resource
{
    // 連続した長大なストレージの先頭へのポインター
    void * ptr ;
    // 現在の未使用ストレージの先頭へのポインター
    std::byte * current ;

    virtual void *
    do_allocate( size_t bytes, size_t alignment ) override
    {
        void * result = static_cast<void *>(current) ;
        current += bytes ; // 必要であればアライメント調整
        return result ;
    }

    virtual void
    do_deallocate( void * ptr, size_t bytes, size_t alignment ) override
    {
        // 何もしない
    }

public :
    ~monotonic_buffer_resource()
    {
        // ptr の解放
    }
} ;

}
```

このように、基本的な実装としては、`do_allocate` はポインターを加算して管理するだけだ。なぜならば解放処理がいらないため、個々のストレージ片を管理するためのデータ構造を構築する必要がない。`do_deallocate` は何もしない。デストラクターはストレージ全体を解放する。

6.6.1 アルゴリズム

モノトニックバッファーリソースは以下のような特徴を持つ。

- `deallocate` 呼び出しは何もしない。メモリ使用量はリソースが破棄されるまで

153

モノトニックに増え続ける。

```
int main()
{
    std::pmr::monotonic_buffer_resource mem ;

    void * ptr = mem.allocate( 10 ) ;
    // 何もしない
    // ストレージは解放されない
    mem.deallocate( ptr ) ;

    // mem が破棄される際に確保したストレージはすべて破棄される
}
```

- メモリー確保に使う初期バッファーを与えることができる。ストレージ確保の際に、初期バッファーに空きがある場合はそこから確保する。空きがない場合は上流メモリーリソースからバッファーを確保して、バッファーから確保する。

```
int main()
{
    std::byte initial_buffer[10] ;
    std::pmr::monotonic_buffer_resource
        mem( initial_buffer, 10, std::pmr::get_default_resource() ) ;

    // 初期バッファーから確保
    mem.allocate( 1 ) ;
    // 上流メモリーリソースからストレージを確保して切り出して確保
    mem.allocate( 100 ) ;
    // 前回のストレージ確保で空きがあればそこから
    // なければ新たに上流から確保して切り出す
    mem.allocate( 100 ) ;
}
```

- 1つのスレッドから使うことを前提に設計されている。allocate と deallocate は同期しない。
- メモリーリソースが破棄されると確保されたすべてのストレージも解放される。明示的に deallocate を呼ばなくてもよい。

6.6.2 コンストラクター

モノトニックバッファーリソースには以下のコンストラクターがある。

```
explicit monotonic_buffer_resource(memory_resource *upstream);
monotonic_buffer_resource(  size_t initial_size,
                            memory_resource *upstream);
monotonic_buffer_resource(  void *buffer, size_t buffer_size,
                            memory_resource *upstream);


monotonic_buffer_resource()
    : monotonic_buffer_resource(get_default_resource()) {}
explicit monotonic_buffer_resource(size_t initial_size)
    : monotonic_buffer_resource(initial_size,
                                get_default_resource()) {}
monotonic_buffer_resource(void *buffer, size_t buffer_size)
    : monotonic_buffer_resource(buffer, buffer_size,
                                get_default_resource()) {}
```

初期バッファーを取らないコンストラクターは以下のとおり。

```
explicit monotonic_buffer_resource(memory_resource *upstream);
monotonic_buffer_resource(  size_t initial_size,
                            memory_resource *upstream);


monotonic_buffer_resource()
    : monotonic_buffer_resource(get_default_resource()) {}
explicit monotonic_buffer_resource(size_t initial_size)
    : monotonic_buffer_resource(initial_size,
                                get_default_resource()) {}
```

`initial_size`は、上流メモリーリソースから最初に確保するバッファーのサイズ（初期サイズ）のヒントとなる。実装はこのサイズか、あるいは実装依存のサイズをバッファーとして確保する。

デフォルトコンストラクターは上流メモリーリソースに`std::pmr::get_default_resource()`を与えたのと同じ挙動になる。

`size_t`1つだけを取るコンストラクターは、初期サイズだけを与えて後はデフォルトの扱いになる。

初期バッファーを取るコンストラクターは以下のとおり。

```
monotonic_buffer_resource(  void *buffer, size_t buffer_size,
                            memory_resource *upstream);

monotonic_buffer_resource(void *buffer, size_t buffer_size)
    : monotonic_buffer_resource(buffer, buffer_size,
                                get_default_resource()) {}
```

初期バッファーは先頭アドレスを void * 型で渡し、そのサイズを size_t 型で渡す。

6.6.3 その他の操作
release()

```
void release() ;
```

メンバー関数 release は、上流リソースから確保されたストレージをすべて解放する。明示的に deallocate を呼び出していないストレージも解放される。

```
int main()
{
    std::pmr::monotonic_buffer_resource mem ;

    mem.allocate( 10 ) ;

    // ストレージはすべて解放される
    mem.release() ;

}
```

upstream_resource()

```
memory_resource* upstream_resource() const;
```

メンバー関数 upstream_resource は、構築時に与えられた上流メモリーリソースへのポインターを返す。

第7章
並列アルゴリズム

並列アルゴリズムは C++17 で追加された新しいライブラリだ。このライブラリは既存の <algorithm> に、並列実行版を追加する。

7.1 並列実行について

C++11 では、スレッドと同期処理が追加され、複数の実行媒体が同時に実行されるという概念が C++ 標準規格に入った。

C++17 では、既存のアルゴリズムに、並列実行版が追加された。

たとえば、all_of(first, last, pred) というアルゴリズムは、[first,last) の区間が空であるか、すべてのイテレーター i に対して pred(*i) が true を返すとき、true を返す。それ以外の場合は false を返す。

すべての値が 100 未満であるかどうかを調べるには、以下のように書く。

```cpp
template < typename Container >
bool is_all_of_less_than_100( Container const & input )
{
    return std::all_of( std::begin(input), std::end(input),
        []( auto x ) { return x < 100 ; } ) ;
}

int main()
{
    std::vector<int> input ;
    std::copy( std::istream_iterator<int>(std::cin),
        std::istream_iterator<int>(), std::back_inserter(input) ) ;

    bool result = is_all_of_less_than_100( input ) ;
```

```cpp
    std::cout << "result : " << result << std::endl ;
}
```

本書の執筆時点では、コンピューターはマルチコアが一般的になり、同時に複数のスレッドを実行できるようになった。さっそくこの処理を 2 つのスレッドで並列化してみよう。

```cpp
template < typename Container >
bool double_is_all_of_less_than_100( Container const & input )
{
    auto first = std::begin(input) ;
    auto last = first + (input.size()/2) ;

    auto r1 = std::async( [=]
    {
        return std::all_of( first, last,
                            [](auto x) { return x < 100 ; } ) ;
    } ) ;

    first = last ;
    last = std::end(input) ;

    auto r2 = std::async( [=]
    {
        return std::all_of( first, last,
                            [](auto x) { return x < 100 ; } ) ;
    } ) ;

    return r1.get() && r2.get() ;
}
```

なるほど、とてもわかりにくいコードだ。

筆者のコンピューターの CPU は 2 つの物理コア、4 つの論理コアを持っているので、4 スレッドまで同時に並列実行できる。読者の使っているコンピューターは、より高性能でさらに多くのスレッドを同時に実行可能だろう。実行時に最大の効率を出すようにできるだけ頑張ってみよう。

```cpp
template < typename Container >
```

7.1 並列実行について

```cpp
bool parallel_is_all_of_less_than_100( Container const & input )
{
    std::size_t cores = std::thread::hardware_concurrency() ;
    cores = std::min( input.size(), cores ) ;

    std::vector< std::future<bool> > futures( cores ) ;

    auto step = input.size() / cores ;
    auto remainder = input.size() % cores ;

    auto first = std::begin(input) ;
    auto last = first + step + remainder ;

    for ( auto & f : futures )
    {
        f = std::async( [=]
        {
            return std::all_of( first, last,
                                [](auto x){ return x < 100 ; } ) ;
        } ) ;

        first = last ;
        last = first + step ;
    }

    for ( auto & f : futures )
    {
        if ( f.get() == false )
            return false ;
    }
    return true ;
}
```

もうわけがわからない。

このような並列化をそれぞれのアルゴリズムに対して自前で実装するのは面倒だ。そこで、C++17では標準で並列実行してくれる並列アルゴリズム（Parallelism）が追加された。

7.2 使い方

並列アルゴリズムは既存のアルゴリズムのオーバーロードとして追加されている。以下は既存のアルゴリズムである `all_of` の宣言だ。

```
template <class InputIterator, class Predicate>
bool all_of(InputIterator first, InputIterator last, Predicate pred);
```

並列アルゴリズム版の `all_of` は以下のような宣言になる。

```
template <  class ExecutionPolicy, class ForwardIterator,
            class Predicate>
bool all_of(ExecutionPolicy&& exec, ForwardIterator first,
            ForwardIterator last, Predicate pred);
```

並列アルゴリズムには、テンプレート仮引数として ExecutionPolicy が追加されていて第一引数に取る。これを実行時ポリシーと呼ぶ。

実行時ポリシーは `<execution>` で定義されている関数ディスパッチ用のタグ型で、`std::execution::seq`, `std::execution::par`, `std::execution::par_unseq` がある。

複数のスレッドによる並列実行を行うには、`std::execution::par` を使う。

```
template < typename Container >
bool is_all_of_less_than_100( Container const & input )
{
    return std::all_of( std::execution::par,
        std::begin(input), std::end(input),
        []( auto x ){ return x < 100 ; } ) ;
}
```

`std::execution::seq` を渡すと既存のアルゴリズムと同じシーケンシャル実行になる。`std::execution::par` を渡すとパラレル実行になる。`std::execution::par_unseq` は並列実行かつベクトル実行になる。

C++17 には実行ポリシーを受け取るアルゴリズムのオーバーロード関数が追加されている。

7.3 並列アルゴリズム詳細

7.3.1 並列アルゴリズム

並列アルゴリズム（parallel algorithm）とは、`ExecutionPolicy`（実行ポリシー）というテンプレートパラメーターのある関数テンプレートのことだ。既存の`<algorithm>`とC++14で追加された一部の関数テンプレートが、並列アルゴリズムに対応している。

並列アルゴリズムはイテレーター、仕様上定められた操作、ユーザーの提供する関数オブジェクトによる操作、仕様上定められた関数オブジェクトに対する操作によって、オブジェクトにアクセスする。そのような関数群を、要素アクセス関数（element access functions）と呼ぶ。

たとえば、`std::sort`は以下のような要素アクセス関数を持つ。

- テンプレート実引数で与えられたランダムアクセスイテレーター
- 要素に対する`swap`関数の適用
- ユーザー提供された`Compare`関数オブジェクト

並列アルゴリズムが使う要素アクセス関数は、並列実行に伴うさまざまな制約を満たさなければならない。

7.3.2 ユーザー提供する関数オブジェクトの制約

並列アルゴリズムのうち、テンプレートパラメーター名が、`Predicate`, `BinaryPredicate`, `Compare`, `UnaryOperation`, `BinaryOperation`, `BinaryOperation1`, `BinaryOperation2`となっているものは、関数オブジェクトとしてユーザーがアルゴリズムに提供するものである。このようなユーザー提供の関数オブジェクトには、並列アルゴリズムに渡す際の制約がある。

- 実引数で与えられたオブジェクトを直接、間接に変更してはならない
- 実引数で与えられたオブジェクトの一意性に依存してはならない
- データ競合と同期

一部の特殊なアルゴリズムには例外もあるが、ほとんどの並列アルゴリズムではこの制約を満たさなければならない。

実引数で与えられたオブジェクトを直接、間接に変更してはならない

ユーザー提供の関数オブジェクトは実引数で与えられたオブジェクトを直接、間接に変更してはならない。

つまり、以下のようなコードは違法だ。

```
int main()
{
    std::vector<int> c = { 1,2,3,4,5 } ;
    std::all_of( std::execution::par, std::begin(c), std::end(c),
        [](auto & x){ ++x ; return true ; } ) ;
    // エラー
}
```

これは、ユーザー提供の関数オブジェクトが実引数を lvalue リファレンスで受け取って変更しているので、並列アルゴリズムの制約を満たさない。

`std::for_each` はイテレーターが変更可能な要素を返す場合、ユーザー提供の関数オブジェクトが実引数を変更することが可能だ。

```
int main()
{
    std::vector<int> c = { 1,2,3,4,5 } ;
    std::for_each( std::execution::par, std::begin(c), std::end(c),
        [](auto & x){ ++x ; } ) ;
    // OK
}
```

これは、`for_each` は仕様上そのように定められているからだ。

実引数で与えられたオブジェクトの一意性に依存してはならない

ユーザー提供の関数オブジェクトは実引数で与えられたオブジェクトの一意性に依存してはならない。

これはどういうことかというと、たとえば実引数で渡されたオブジェクトのアドレスを取得して、そのアドレスがアルゴリズムに渡したオブジェクトのアドレスと同じであることを期待するようなコードを書くことができない。

```
int main()
{
    std::vector<int> c = { 1,2,3,4,5 } ;

    // 最後の要素へのポインター
    int * ptr = &c[4] ;

    std::all_of( std::execution::par, std::begin(c), std::end(c),
```

7.3 並列アルゴリズム詳細

```
            [=]( auto & x ){
                if ( ptr == &x )
                {
                    // 最後の要素なので特別な処理
                    // エラー
                }
            } ) ;
}
```

これはなぜかというと、並列アルゴリズムはその並列処理の一環として、要素のコピーを作成し、そのコピーをユーザー提供の関数オブジェクトに渡すかもしれないからだ。

```
// 実装イメージ

template <  typename ExecutionPolicy,
            typename ForwardIterator,
            typename Predicate >
bool all_of(    ExecutionPolicy && exec,
                ForwardIterator first, ForwardIterator last,
                Predicate pred )
{
    if constexpr (
        std::is_same_v< ExecutionPolicy,
                        std::execution::parallel_policy >
    )
    {
        std::vector c( first, last ) ;
        do_all_of_par( std::begin(c), std::end(c), pred ) ;
    }
}
```

このため、オブジェクトの一意性に依存したコードを書くことはできない。

データ競合と同期

`std::execution::sequenced_policy` を渡した並列アルゴリズムによる要素アクセス関数の呼び出しは呼び出し側スレッドで実行される。パラレル実行ではない。

`std::execution::parallel_policy` を渡した並列アルゴリズムによる要素アクセス関数の呼び出しは、呼び出し側スレッドか、ライブラリ側で作られたスレッドのいず

れかで実行される。それぞれの要素アクセス関数の呼び出しの同期は定められていない。そのため、要素アクセス関数はデータ競合やデッドロックを起こさないようにしなければならない。

以下のコードはデータ競合が発生するのでエラーとなる。

```cpp
int main()
{
    int sum = 0 ;

    std::vector<int> c = { 1,2,3,4,5 } ;

    std::for_each( std::execution::par, std::begin(c), std::end(c),
        [&]( auto x ){ sum += x ; } ) ;
    // エラー、データ競合
}
```

なぜならば、ユーザー提供の関数オブジェクトは複数のスレッドから同時に呼び出されるかもしれないからだ。

`std::execution::parallel_unsequenced_policy` の実行は変わっている。未規定のスレッドから同期されない実行が許されている。これは、パラレルベクトル実行で想定している実行媒体がスレッドのような強い実行保証のある実行媒体ではなく、SIMDやGPGPUのような極めて軽い実行媒体であるからだ。

その結果、要素アクセス関数は通常のデータ競合やデッドロックを防ぐための手段すら取れなくなる。なぜならば、スレッドは実行の途中に中断して別の処理をしたりするからだ。

たとえば、以下のコードは動かない。

```cpp
int main()
{
    int sum = 0 ;
    std::mutex m ;

    std::vector<int> c = { 1,2,3,4,5 } ;

    std::for_each(
        std::execution::par_unseq,
        std::begin(c), std::end(c),
        [&]( auto x ) {
            std::scoped_lock l(m) ;
```

```
            sum += x ;
        } ) ;
    // エラー
}
```

このコードは parallel_policy ならば、非効率的ではあるが問題なく同期されてデータ競合なく動くコードだ。しかし、parallel_unsequenced_policy では動かない。なぜならば、mutex の lock という同期をする関数を呼び出すからだ。

C++ では、ストレージの確保解放以外の同期する標準ライブラリの関数をすべて、ベクトル化非安全（vectorization-unsafe）に分類している。ベクトル化非安全な関数は std::execution::parallel_unsequenced_policy の要素アクセス関数内で呼び出すことはできない。

7.3.3 例外

並列アルゴリズムの実行中に、一時メモリーの確保が必要になったが確保できない場合、std::bad_alloc が throw される。

並列アルゴリズムの実行中に、要素アクセス関数の外に例外が投げられた場合、std::terminate が呼ばれる。

7.3.4 実行ポリシー

実行ポリシーはヘッダーファイル <execution> で定義されている。その定義は以下のようになっている。

```
namespace std {
template<class T> struct is_execution_policy;
template<class T> inline constexpr bool
    is_execution_policy_v = is_execution_policy<T>::value;
}

namespace std::execution {

class sequenced_policy;
class parallel_policy;
class parallel_unsequenced_policy;

inline constexpr sequenced_policy seq{ };
inline constexpr parallel_policy par{ };
inline constexpr parallel_unsequenced_policy par_unseq{ };
```

}

is_execution_policy traits

`std::is_execution_policy<T>` は T が実行ポリシー型であるかどうかを返す traits だ。

```
// false
constexpr bool b1 = std::is_execution_policy_v<int> ;
// true
constexpr bool b2 =
    std::is_execution_policy_v<std::execution::sequenced_policy> ;
```

シーケンス実行ポリシー

```
namespace std::execution {

class sequenced_policy ;
inline constexpr sequenced_policy seq { } ;

}
```

シーケンス実行ポリシーは、並列アルゴリズムにパラレル実行を行わせないためのポリシーだ。この実行ポリシーが渡された場合、処理は呼び出し元のスレッドだけで行われる。

パラレル実行ポリシー

```
namespace std::execution {

class parallel_policy ;
inline constexpr parallel_policy par { } ;

}
```

パラレル実行ポリシーは、並列アルゴリズムにパラレル実行を行わせるためのポリシーだ。この実行ポリシーが渡された場合、処理は呼び出し元のスレッドと、ライブラリが作成したスレッドを用いる。

パラレル非シーケンス実行ポリシー

```
namespace std::execution {

class parallel_unsequenced_policy ;
inline constexpr parallel_unsequenced_policy par_unseq { } ;

}
```

パラレル非シーケンス実行ポリシーは、並列アルゴリズムにパラレル実行かつベクトル実行を行わせるためのポリシーだ。この実行ポリシーが渡された場合、処理は複数のスレッドと、SIMD や GPGPU のようなベクトル実行による並列化を行う。

実行ポリシーオブジェクト

```
namespace std::execution {

inline constexpr sequenced_policy seq{ };
inline constexpr parallel_policy par{ };
inline constexpr parallel_unsequenced_policy par_unseq{ };

}
```

実行ポリシーの型を直接書くのは面倒だ。

```
std::for_each( std::execution::parallel_policy{}, ... ) ;
```

そのため、標準ライブラリは実行ポリシーのオブジェクトを用意している。seq と par と par_unseq がある。

```
std::for_each( std::execution::par, ... ) ;
```

並列アルゴリズムを使うには、このオブジェクトを並列アルゴリズムの第一引数に渡すことになる。

第 8 章
数学の特殊関数群

　C++17 では数学の特殊関数群（mathematical special functions）がヘッダーファイル `<cmath>` に追加された。

　数学の特殊関数は、いずれも実引数を取って、規定の計算をし、結果を浮動小数点数型の戻り値として返す。

　数学の特殊関数は `double`, `float`, `long double` 型の 3 つのオーバーロードがある。それぞれ、関数名の最後に、何もなし、`f`, `l` というサフィックスで表現されている。

```
double      function_name() ;   // 何もなし
float       function_namef() ;  // f
long double function_namel() ;  // l
```

　数学の特殊関数の説明は、関数の宣言、効果、戻り値、注意がある。

　もし、数学の特殊関数に渡した実引数が NaN（Not a Number）である場合、関数の戻り値も NaN になる。ただし定義域エラーは起こらない。

　それ以外の場合で、関数が定義域エラーを返すべきときは、

- 関数の戻り値の記述で、定義域が示されていて実引数が示された定義域を超えるとき
- 実引数に対応する数学関数の結果の値が非ゼロの虚数部を含むとき
- 実引数に対応する数学関数の結果の値が数学的に定義されていないとき

別途示されていない場合、関数はすべての有限の値、負の無限大、正の無限大に対しても定義されている。

　数学関数が与えられた実引数の値に対して定義されているというとき、それは以下のいずれかである。

- 実引数の値の集合に対して明示的に定義されている
- 計算方法に依存しない極限値が存在する

第 8 章 数学の特殊関数群

ある関数の効果が実装定義（implementation-defined）である場合、その効果は C++ 標準規格で定義されず、C++ 実装はどのように実装してもよいという意味だ。

8.1 ラゲール多項式（Laguerre polynomials）

```
double       laguerre(unsigned n, double x);
float        laguerref(unsigned n, float x);
long double  laguerrel(unsigned n, long double x);
```

効果：実引数 n, x に対するラゲール多項式（Laguerre polynomials）を計算する。
戻り値：
$$\mathsf{L}_n(x) = \frac{e^x}{n!} \frac{\mathrm{d}^n}{\mathrm{d}x^n}\left(x^n e^{-x}\right), \quad \text{for } x \geq 0$$

n を n, x を x とする。
注意： n >= 128 のときの関数の呼び出しの効果は実装定義である。

8.2 ラゲール陪多項式（Associated Laguerre polynomials）

```
double       assoc_laguerre(unsigned n, unsigned m, double x);
float        assoc_laguerref(unsigned n, unsigned m, float x);
long double  assoc_laguerrel(unsigned n, unsigned m, long double x);
```

効果：実引数 n, m, x に対するラゲール陪多項式（Associated Laguerre polynomials）を計算する。
戻り値：
$$\mathsf{L}_n^m(x) = (-1)^m \frac{\mathrm{d}^m}{\mathrm{d}x^m} \mathsf{L}_{n+m}(x), \quad \text{for } x \geq 0$$

n を n, m を m, x を x とする。
注意： n >= 128 もしくは m >= 128 のときの関数呼び出しの効果は実装定義である。

8.3 ルジャンドル多項式（Legendre polynomials）

```
double       legendre(unsigned l, double x);
float        legendref(unsigned l, float x);
long double  legendrel(unsigned l, long double x);
```

効果：実引数 l, x に対するルジャンドル多項式（Legendre polynomials）を計算する。

戻り値：
$$P_\ell(x) = \frac{1}{2^\ell \, \ell!} \frac{d^\ell}{dx^\ell} (x^2-1)^\ell, \quad \text{for } |x| \leq 1$$

`l` を `l`, x を `x` とする。

注意： `l >= 128` のときの関数の呼び出しの効果は実装定義である。

8.4 ルジャンドル陪関数（Associated Legendre functions）

```
double       assoc_legendre(unsigned l, unsigned m, double x);
float        assoc_legendref(unsigned l, unsigned m, float x);
long double  assoc_legendrel(unsigned l, unsigned m, long double x);
```

効果：実引数 `l`, `m`, `x` に対するルジャンドル陪関数（Associated Legendre functions）を計算する。

戻り値：
$$P_\ell^m(x) = (1-x^2)^{m/2} \frac{d^m}{dx^m} P_\ell(x), \quad \text{for } |x| \leq 1$$

`l` を `l`, m を `m`, x を `x` とする。

注意： `l >= 128` のときの関数呼び出しの効果は実装定義である。

8.5 球面ルジャンドル陪関数（Spherical associated Legendre functions）

```
double       sph_legendre(  unsigned l, unsigned m, double theta);
float        sph_legendref( unsigned l, unsigned m, float theta);
long double  sph_legendrel( unsigned l, unsigned m,
                            long double theta);
```

効果：実引数 `l`, `m`, `theta`（`theta` の単位はラジアン）に対する球面ルジャンドル陪関数（Spherical associated Legendre functions）を計算する。

戻り値：
$$Y_\ell^m(\theta, 0)$$

このとき、
$$Y_\ell^m(\theta, \phi) = (-1)^m \left[\frac{(2\ell+1)}{4\pi} \frac{(\ell-m)!}{(\ell+m)!} \right]^{1/2} P_\ell^m(\cos\theta) e^{im\phi}, \quad \text{for } |m| \leq \ell$$

`l` を `l`, m を `m`, θ を `theta` とする。

注意： `l >= 128` のときの関数の呼び出しの効果は実装定義である。

球面調和関数（Spherical harmonics） $Y_\ell^m(\theta, \phi)$ は、以下のような関数を定義することによって計算できる。

```
#include <cmath>
#include <complex>

std::complex<double>
spherical_harmonics(unsigned l, unsigned m, double theta, double phi)
{
    return std::sph_legendre(l, m, theta) * std::polar(1.0, m * phi) ;
}
```

ルジャンドル陪関数も参照。

8.6　エルミート多項式（Hermite polynomials）

```
double      hermite(unsigned n, double x);
float       hermitef(unsigned n, float x);
long double hermitel(unsigned n, long double x);
```

効果：実引数 n, x に対するエルミート多項式（Hermite polynomials）を計算する。
戻り値：
$$\mathsf{H}_n(x) = (-1)^n e^{x^2} \frac{\mathrm{d}^n}{\mathrm{d}x^n} e^{-x^2}$$

　　n を n, x を x とする。

注意： n >= 128 のときの関数の呼び出しの効果は実装定義である。

8.7　ベータ関数（Beta function）

```
double      beta(double x, double y);
float       betaf(float x, float y);
long double betal(long double x, long double y);
```

効果：実引数 x, y に対するベータ関数（Beta function）を計算する。
戻り値：
$$\mathsf{B}(x,y) = \frac{\Gamma(x)\,\Gamma(y)}{\Gamma(x+y)}, \quad \text{for } x > 0,\ y > 0$$

　　x を x, y を y とする。

8.8 第 1 種完全楕円積分（Complete elliptic integral of the first kind）

```
double      comp_ellint_1(double k);
float       comp_ellint_1f(float k);
long double comp_ellint_1l(long double k);
```

効果：実引数 k に対する第 1 種完全楕円積分（Complete elliptic integral of the first kind）を計算する。

戻り値：
$$\mathsf{K}(k) = \mathsf{F}(k, \pi/2), \quad \text{for } |k| \leq 1$$

k を k とする。

第 1 種不完全楕円積分も参照。

8.9 第 2 種完全楕円積分（Complete elliptic integral of the second kind）

```
double      comp_ellint_2(double k);
float       comp_ellint_2f(float k);
long double comp_ellint_2l(long double k);
```

効果：実引数 k に対する第 2 種完全楕円積分（Complete elliptic integral of the second kind）を計算する。

戻り値：
$$\mathsf{E}(k) = \mathsf{E}(k, \pi/2), \quad \text{for } |k| \leq 1$$

k を k とする。

第 2 種不完全楕円積分も参照。

8.10 第 3 種完全楕円積分（Complete elliptic integral of the third kind）

```
double      comp_ellint_3(double k, double nu);
float       comp_ellint_3f(float k, float nu);
long double comp_ellint_3l(long double k, long double nu);
```

効果：実引数 k, nu に対する第 3 種完全楕円積分（Complete elliptic integral of the third kind）を計算する。
戻り値：
$$\Pi(\nu, k) = \Pi(\nu, k, \pi/2), \quad \text{for } |k| \leq 1$$

k を k, ν を nu とする。
第 3 種不完全楕円積分も参照。

8.11 第 1 種不完全楕円積分（Incomplete elliptic integral of the first kind）

```
double       ellint_1(double k, double phi);
float        ellint_1f(float k, float phi);
long double  ellint_1l(long double k, long double phi);
```

効果：実引数 k, phi（phi の単位はラジアン）に対する第 1 種不完全楕円積分（Incomplete elliptic integral of the first kind）を計算する。
戻り値：
$$F(k, \phi) = \int_0^\phi \frac{d\theta}{\sqrt{1 - k^2 \sin^2 \theta}}, \quad \text{for } |k| \leq 1$$

k を k, ϕ を phi とする。

8.12 第 2 種不完全楕円積分（Incomplete elliptic integroal of the second kind）

```
double       ellint_2(double k, double phi);
float        ellint_2f(float k, float phi);
long double  ellint_2l(long double k, long double phi);
```

効果：実引数 k, phi（phi の単位はラジアン）に対する第 2 種不完全楕円積分（Incomplete elliptic integral of the second kind）を計算する。
戻り値：
$$E(k, \phi) = \int_0^\phi \sqrt{1 - k^2 \sin^2 \theta}\, d\theta, \quad \text{for } |k| \leq 1$$

k を k, ϕ を phi とする。

8.13 第3種不完全楕円積分（Incomplete elliptic integral of the third kind）

```
double      ellint_3(  double k, double nu, double phi);
float       ellint_3f( float k, float nu, float phi);
long double ellint_3l( long double k, long double nu,
                       long double phi);
```

効果：実引数 k, nu, phi（phi の単位はラジアン）に対する第 3 種不完全楕円積分（Incomplete elliptic integral of the third kind）を計算する。
戻り値：

$$\Pi(\nu, k, \phi) = \int_0^\phi \frac{\mathrm{d}\theta}{(1 - \nu \sin^2 \theta)\sqrt{1 - k^2 \sin^2 \theta}}, \quad \text{for } |k| \leq 1$$

ν を nu, k を k, ϕ を phi とする。

8.14 第1種ベッセル関数（Cylindrical Bessel functions of the first kind）

```
double      cyl_bessel_j(double nu, double x);
float       cyl_bessel_jf(float nu, float x);
long double cyl_bessel_jl(long double nu, long double x);
```

効果：実引数 nu, k に対する第 1 種ベッセル関数（Cylindrical Bessel functions of the first kind, Bessel functions of the first kind）を計算する。
戻り値：

$$\mathsf{J}_\nu(x) = \sum_{k=0}^\infty \frac{(-1)^k (x/2)^{\nu + 2k}}{k!\, \Gamma(\nu + k + 1)}, \quad \text{for } x \geq 0$$

ν を nu, x を x とする。
注意：nu >= 128 のときの関数の呼び出しの効果は実装定義である。

8.15 ノイマン関数（Cylindrical Neumann functions）

```
double      cyl_neumann(double nu, double x);
float       cyl_neumannf(float nu, float x);
long double cyl_neumannl(long double nu, long double x);
```

効果：実引数 nu, x に対するノイマン関数（Cylindrical Neumann functions, Neumann functions）、またの名を第 2 種ベッセル関数（Cylindrical Bessel functions of the second kind, Bessel functions of the second kind）を計算する。
戻り値：

$$N_\nu(x) = \begin{cases} \dfrac{J_\nu(x)\cos\nu\pi - J_{-\nu}(x)}{\sin\nu\pi}, & \text{for } x \geq 0 \text{ and non-integral } \nu \\ \lim_{\mu \to \nu} \dfrac{J_\mu(x)\cos\mu\pi - J_{-\mu}(x)}{\sin\mu\pi}, & \text{for } x \geq 0 \text{ and integral } \nu \end{cases}$$

ν を nu, x を x とする。

注意： nu >= 128 のときの関数の呼び出しの効果は実装定義である。
第 1 種ベッセル関数も参照。

8.16 第 1 種変形ベッセル関数（Regular modified cylindrical Bessel functions）

```
double      cyl_bessel_i(double nu, double x);
float       cyl_bessel_if(float nu, float x);
long double cyl_bessel_il(long double nu, long double x);
```

効果：実引数 nu, x に対する第 1 種変形ベッセル関数（Regular modified cylindrical Bessel functions, Modified Bessel functions of the first kind）を計算する。
戻り値：

$$I_\nu(x) = i^{-\nu} J_\nu(ix) = \sum_{k=0}^{\infty} \frac{(x/2)^{\nu+2k}}{k!\,\Gamma(\nu+k+1)}, \quad \text{for } x \geq 0$$

ν を nu, x を x とする。

注意： nu >= 128 のときの関数の呼び出しの効果は実装定義である。
第 1 種ベッセル関数も参照。

8.17 第 2 種変形ベッセル関数（Irregular modified cylindrical Bessel functions）

```
double      cyl_bessel_k(double nu, double x);
float       cyl_bessel_kf(float nu, float x);
long double cyl_bessel_kl(long double nu, long double x);
```

効果：実引数 nu, x に対する第 2 種変形ベッセル関数（Irregular modified cylindrical Bessel functions, Modified Bessel functions of the second kind）を計算する。
戻り値：

$$K_\nu(x) = (\pi/2) i^{\nu+1} (J_\nu(ix) + iN_\nu(ix))$$

$$= \begin{cases} \dfrac{\pi}{2} \dfrac{I_{-\nu}(x) - I_\nu(x)}{\sin \nu\pi}, & \text{for } x \geq 0 \text{ and non-integral } \nu \\ \dfrac{\pi}{2} \lim_{\mu \to \nu} \dfrac{I_{-\mu}(x) - I_\mu(x)}{\sin \mu\pi}, & \text{for } x \geq 0 \text{ and integral } \nu \end{cases}$$

ν を nu, x を x とする。

注意： nu >= 128 のときの関数の呼び出しの効果は実装定義である。

第 1 種変形ベッセル関数、第 1 種ベッセル関数、ノイマン関数も参照。

8.18 第 1 種球ベッセル関数（Spherical Bessel functions of the first kind）

```
double      sph_bessel(unsigned n, double x);
float       sph_besself(unsigned n, float x);
long double sph_bessell(unsigned n, long double x);
```

効果：実引数 n, x に対する第 1 種球ベッセル関数（Spherical Bessel functions of the first kind）を計算する。
戻り値：

$$j_n(x) = (\pi/2x)^{1/2} J_{n+1/2}(x), \quad \text{for } x \geq 0$$

注意： n >= 128 のときの関数の呼び出しの効果は実装定義である。

第 1 種ベッセル関数も参照。

8.19 球ノイマン関数（Spherical Neumann functions）

```
double      sph_neumann(unsigned n, double x);
float       sph_neumannf(unsigned n, float x);
long double sph_neumannl(unsigned n, long double x);
```

効果：実引数 n, x に対する球ノイマン関数（Spherical Neumann functions）、またの名を第 2 種球ベッセル関数（Spherical Bessel functions of the second kind）を計算する。

戻り値：
$$\mathsf{n}_n(x) = (\pi/2x)^{1/2} \mathsf{N}_{n+1/2}(x), \quad \text{for } x \geq 0$$

n を n, x を x とする。

注意： n >= 128 のときの関数の呼び出しの効果は実装定義である。

ノイマン関数も参照。

8.20 指数積分（Exponential integral）

```
double      expint(double x);
float       expintf(float x);
long double expintl(long double x);
```

効果：実引数 x に対する指数積分（Exponential integral）を計算する。

戻り値：
$$\mathsf{Ei}(x) = -\int_{-x}^{\infty} \frac{e^{-t}}{t}\,\mathrm{d}t$$

x を x とする。

8.21 リーマンゼータ関数（Riemann zeta function）

```
double      riemann_zeta(double x);
float       riemann_zetaf(float x);
long double riemann_zetal(long double x);
```

効果：実引数 x に対するリーマンゼータ関数（Riemann zeta function）を計算する。

戻り値：

$$\zeta(x) = \begin{cases} \displaystyle\sum_{k=1}^{\infty} k^{-x}, & \text{for } x > 1 \\[2ex] \displaystyle\frac{1}{1-2^{1-x}} \sum_{k=1}^{\infty} (-1)^{k-1} k^{-x}, & \text{for } 0 \leq x \leq 1 \\[2ex] 2^x \pi^{x-1} \sin(\frac{\pi x}{2}) \Gamma(1-x) \zeta(1-x), & \text{for } x < 0 \end{cases}$$

x を x とする。

第9章
その他の標準ライブラリ

この章では C++17 で追加された細かいライブラリをまとめて解説する。

9.1 ハードウェア干渉サイズ（キャッシュライン）

C++17 にはハードウェアの干渉サイズを取得するライブラリが入った。ハードウェアの干渉サイズとは、俗にキャッシュライン（cache line）とも呼ばれている概念だ。

残念ながら、この 2017 年では、メモリーは極めて遅い。そのため、プロセッサーはより高速にアクセスできるキャッシュメモリーを用意している。メモリーに対するキャッシュはある程度のまとまったバイト数単位で行われる。この単位が何バイトであるのかは実装依存だ。C++17 にはこのサイズを取得できるライブラリが入った。

ハードウェア干渉サイズを知りたい理由は 2 つある。2 つのオブジェクトを同一の局所性を持つキャッシュに載せたくない場合と載せたい場合だ。

2 つのオブジェクトのうち、一方は頻繁に変更し、もう一方はめったに変更しない場合で、2 つのオブジェクトが同じ局所性を持つキャッシュに載っている場合、よく変更するオブジェクトを変更しただけで、めったに変更しないオブジェクトも、メモリーとの同期が発生する。

```
struct Data
{
    int counter ;
    int status ;
} ;
```

ここで、`counter` は頻繁に変更するが、`status` はめったに変更しない場合、`counter` と `status` の間に適切なパディングを挿入することで、2 つのオブジェクトが同じ局所性を持たないようにしたい。

この場合には、std::hardware_destructive_interference_size が使える。

```
struct Data
{
    int counter ;
    std::byte padding[
        std::hardware_destructive_interference_size - sizeof(int)
    ] ;
    int status ;
} ;
```

反対に、2つのオブジェクトを同一の局所性を持つキャッシュに載せたい場合、std::hardware_constructive_interference_size が使える。

ハードウェア干渉サイズは <new> ヘッダーで以下のように定義されている。

```
namespace std {
    inline constexpr size_t
        hardware_destructive_interference_size = 実装依存 ;
    inline constexpr size_t
        hardware_constructive_interference_size = 実装依存 ;
}
```

9.2 std::uncaught_exceptions

C++14 までは、まだ catch されていない例外がある場合は、bool std::uncaught_exception()で判定することができた。

```
struct X
{
    ~X()
    {
        if ( std::uncaught_exception() )
        {
            // デストラクターはスタックアンワインディング中に呼ばれた
        }
        else
        {
            // 通常の破棄
        }
```

9.2 std::uncaught_exceptions

```cpp
    }
} ;

int main()
{
    {
        X x ;
    }// 通常の破棄

    {
        X x ;
        throw 0 ;
    }// スタックアンワインディング中

}
```

`bool std::uncaught_exception()`は、C++17では非推奨扱いになった。いずれ廃止される見込みだ。

廃止の理由としては、単に以下のような例で役に立たないからだ。

```cpp
struct X
{
    ~X()
    {
        try {
            // true
            bool b = std::uncaught_exception() ;
        } catch( ... ) { }
    }
} ;
```

このため、`int std::uncaught_exceptions()`が新たに追加された。この関数は現在 catch されていない例外の個数を返す。

```cpp
struct X
{
    ~X()
    {
        try {
            if ( int x = std::uncaught_exceptions() ; x > 1 )
```

```
                {
                    // ネストされた例外
                }
            } catch( ... )
        }

    } ;
```

9.3 apply : tuple の要素を実引数に関数を呼び出す

```
template <class F, class Tuple>
constexpr decltype(auto) apply(F&& f, Tuple&& t);
```

　std::apply は tuple のそれぞれの要素を順番に実引数に渡して関数を呼び出すヘルパー関数だ。

　ある要素数 N の tuple t と関数オブジェクト f に対して、apply(f, t) は、f(get<0>(t), get<1>(t), ... , get<N-1>(t))のように f を関数呼び出しする。

例 :

```
template < typename ... Types >
void f( Types ... args ) { }

int main()
{
    // int, int, int
    std::tuple t1( 1,2,3 ) ;

    // f( 1, 2, 3 )の関数呼び出し
    std::apply( f, t1 ) ;

    // int, double, const char *
    std::tuple t2( 123, 4.56, "hello" ) ;

    // f( 123, 4.56, "hello" )の関数呼び出し
    std::apply( f, t2 ) ;
}
```

9.4　Searcher：検索

C++17 では `<functional>` に `searcher` というライブラリが追加された。これは順序のあるオブジェクトの集合に、ある部分集合（パターン）が含まれているかどうかを検索するためのライブラリだ。その最も一般的な応用例は文字列検索となる。

`searcher` の基本的な設計としては、クラスのオブジェクトを構築して、コンストラクターで検索したい部分集合（パターン）を与え、`operator ()` で部分集合が含まれているかを検索したい集合を与える。

この設計のライブラリが追加された理由は、パターンの検索のために何らかの事前の準備を状態として保持しておきたい検索アルゴリズムを実装するためだ。

9.4.1　default_searcher

クラス `std::default_searcher` は以下のように宣言されている。

```cpp
template < class ForwardIterator1,
           class BinaryPredicate = equal_to<> >
class default_searcher {
public:
    // コンストラクター
    default_searcher(
        ForwardIterator1 pat_first, ForwardIterator1 pat_last
        , BinaryPredicate pred = BinaryPredicate() ) ;

    // operator ()
    template <class ForwardIterator2>
    pair<ForwardIterator2, ForwardIterator2>
    operator()(ForwardIterator2 first, ForwardIterator2 last) const ;
} ;
```

コンストラクターで部分集合を受け取る。`operator ()` で集合を受け取り、部分集合（パターン）と一致した場所をイテレーターのペアで返す。見つからない場合、イテレーターのペアは [`last`, `last`) になっている。

以下のように使う。

```cpp
int main()
{
    std::string pattern("fox") ;
```

```
        std::default_searcher
            fox_searcher( std::begin(pattern), std::end(pattern) ) ;

        std::string corpus = "The quick brown fox jumps over the lazy dog" ;

        auto[first, last] = fox_searcher( std::begin(corpus),
                                          std::end(corpus) ) ;
        std::string fox( first, last ) ;
    }
```

`default_searcher` の検索は、内部的に `std::search` が使われる。

9.4.2 boyer_moore_searcher

`std::boyer_moore_searcher` は Boyer–Moore 文字列検索アルゴリズムを使って部分集合の検索を行う。

Boyer–Moore 文字列検索アルゴリズムは極めて効率的な文字列検索のアルゴリズムだ。Boyer–Moore アルゴリズムは Bob Boyer と Strother Moore によって発明され、1977 年の Communications of the ACM で発表された。その内容は以下の URL で読むことができる。

http://www.cs.utexas.edu/~moore/publications/fstrpos.pdf

愚直に実装した文字列検索アルゴリズムは検索すべき部分文字列（パターン）を検索対象の文字列（コーパス）から探す際、パターンの先頭の文字をコーパスの先頭から順に探していき、見つかれば 2 文字目以降も一致するかどうかを調べる。

Boyer–Moore アルゴリズムはパターンの末尾の文字から調べる。文字が一致しなければ、パターンから絶対に不一致であるとわかっている長さだけの文字を比較せずに読み飛ばす。これによって効率的な文字列検索を実現している。

Boyer–Moore アルゴリズムは事前にパターンのどの文字が不一致ならば何文字比較せずに読み飛ばせるかという情報を計算した 2 つのテーブルを生成する必要がある。このため、Boyer–Moore アルゴリズムはメモリー使用量と検索前の準備時間というコストがかかる。そのコストは、より効率的な検索により相殺できる。特に、パターンが長い場合は効果的だ。

C++17 に入る Boyer–Moore アルゴリズムに基づく検索は、テンプレートを使った汎用的な char 型のような状態数の少ない型に対しての実装だけではなく、ハッシュを使ったハッシュマップのようなデータ構造を使うことにより、任意の型に対応できる汎用的な設計になっている。

クラス `boyer_moore_searcher` は以下のように宣言されている。

9.4 Searcher：検索

```cpp
template <
    class RandomAccessIterator1,
    class Hash = hash<
        typename iterator_traits<RandomAccessIterator1>::value_type>,
    class BinaryPredicate = equal_to<> >
class boyer_moore_searcher {
public:
    // コンストラクター
    boyer_moore_searcher(
        RandomAccessIterator1 pat_first,
        RandomAccessIterator1 pat_last,
        Hash hf = Hash(),
        BinaryPredicate pred = BinaryPredicate() ) ;

    // operator ()
    template <class RandomAccessIterator2>
    pair<RandomAccessIterator2, RandomAccessIterator2>
    operator()( RandomAccessIterator2 first,
                RandomAccessIterator2 last) const;
} ;
```

　boyer_moore_searcher は、文字列以外にも適用できる汎用的な設計のため、ハッシュ関数を取る。char 型のような取りうる状態数の少ない型以外が渡された場合は、std::unordered_map のようなメモリー使用量を削減できる何らかのデータ構造を使ってテーブルを構築する。

　使い方は default_searcher とほとんど変わらない。

```cpp
int main()
{
    std::string pattern("fox") ;
    std::boyer_moore_searcher
        fox_searcher( std::begin(pattern), std::end(pattern) ) ;

    std::string corpus = "The quick brown fox jumps over the lazy dog" ;

    auto[first, last] = fox_searcher( std::begin(corpus),
            std::end(corpus) ) ;
    std::string fox( first, last ) ;
}
```

9.4.3 boyer_moore_horspool_searcher

`std::boyer_moore_horspool_searcher` は Boyer–Moore–Horspool 検索アルゴリズムを使って部分集合の検索を行う。Boyer–Moore–Horspool アルゴリズムは Nigel Horspool によって 1980 年に発表された。

参考: "Practical fast searching in strings" 1980

Boyer–Moore–Horspool アルゴリズムは内部テーブルに使うメモリー使用量を削減しているが、最悪計算量の点でオリジナルの Boyer–Moore アルゴリズムには劣っている。つまり、実行時間の増大を犠牲にしてメモリー使用量を削減したトレードオフなアルゴリズムと言える。

クラス `boyer_moore_horspool_searcher` の宣言は以下のとおり。

```
template <
    class RandomAccessIterator1,
    class Hash = hash<
        typename iterator_traits<RandomAccessIterator1>::value_type>,
    class BinaryPredicate = equal_to<> >
class boyer_moore_horspool_searcher {
public:
    // コンストラクター
    boyer_moore_horspool_searcher(
        RandomAccessIterator1 pat_first,
        RandomAccessIterator1 pat_last,
        Hash hf = Hash(),
        BinaryPredicate pred = BinaryPredicate() );

    // operator ()
    template <class RandomAccessIterator2>
    pair<RandomAccessIterator2, RandomAccessIterator2>
    operator()( RandomAccessIterator2 first,
                RandomAccessIterator2 last) const;
} ;
```

使い方は `boyer_moore_horspool_searcher` と変わらない。

```
int main()
{
    std::string pattern("fox") ;
```

```
    std::boyer_moore_horspool_searcher
        fox_searcher( std::begin(pattern), std::end(pattern) ) ;

    std::string corpus = "The quick brown fox jumps over the lazy dog" ;

    auto[first, last] = fox_searcher(   std::begin(corpus),
                                        std::end(corpus) ) ;
    std::string fox( first, last ) ;
}
```

9.5 sample : 乱択アルゴリズム

```
template <  class PopulationIterator, class SampleIterator,
            class Distance, class UniformRandomBitGenerator >

SampleIterator sample(
    PopulationIterator first, PopulationIterator last,
    SampleIterator out,
    Distance n, UniformRandomBitGenerator&& g) ;
```

C++17 で `<algorithm>` に追加された `std::sample` は、標本を確率的に選択するための乱択アルゴリズムだ。

`[first, last)` は標本を選択する先の集合を指すイテレーター。`out` は標本を出力する先のイテレーター。`n` は選択する標本の個数。`g` は標本を選択するのに使う乱数生成器。戻り値は `out`。

ある要素の集合から、`n` 個の要素を確率的に公平に選択したい場合に使うことができる。

9.5.1 乱択アルゴリズム

`std::sample` を使う前に、まず正しい乱択アルゴリズムについて学ぶ必要がある。乱択アルゴリズムについて詳しくは、Donald E. Knuth の *The Art of Computer Programming*（以下 TAOCP、邦訳はアスキードワンゴから同名の書名で出版されている）を参照。

ユーザーからの入力、計測した気象情報のデータ、サーバーへのアクセスログなど、世の中には膨大な量のデータが存在する。これらの膨大なデータをすべて処理するのではなく、標本を採取することによって、統計的にそれなりに信頼できる確率で

正しい全体のデータを推定することができる。そのためには n 個の標本をバイアスがかからない方法で選択する必要がある。バイアスのかからない方法で n 個の標本を取り出すには、集合の先頭から n 個とか、1つおきに n 個といった方法で選択してはならない。それはバイアスがかかっている。

ある値の集合から、バイアスのかかっていない n 個の標本を得るには、集合のすべての値が等しい確率で選ばれた上で n 個を選択しなければならない。いったいどうすればいいのだろうか。

std::sample を使えば、100 個の値から 10 個の標本を得るのは、以下のように書くことが可能だ。

```cpp
int main()
{
    // 100 個の値の集合
    std::vector<int> pop(100) ;
    std::iota( std::begin(pop), std::end(pop), 0 ) ;

    // 標本を格納するコンテナー
    std::vector<int> out(10) ;

    // 乱数生成器
    std::array<std::uint32_t, sizeof(std::knuth_b)/4> a ;
    std::random_device r ;
    std::generate( std::begin(a), std::end(a), [&]{ return r() ; } ) ;
    std::seed_seq seed( std::begin(a), std::end(a) ) ;
    std::knuth_b g( seed ) ;

    // 10 個の標本を得る
    sample( std::begin(pop), std::end(pop), std::begin(out), 10, g ) ;

    // 標本を出力
    std::copy(  std::begin(out), std::end(out),
                std::ostream_iterator<int>(std::cout, ", ") ) ;
}
```

集合に含まれる値の数が N 個だとわかっているならば、それぞれの値について n/m の確率で選ぶというのはどうだろうか。100 個中 10 個を選ぶのであれば、1/10 の確率でそれぞれの値を標本として選択することになる。

この考えに基づく乱択アルゴリズムは以下のようになる。

9.5 sample : 乱択アルゴリズム

1. 集合の要素数を N、選択すべき標本の数を n, i を 0 とする。
2. 0 ベースインデックスで i 番目の値を n/m の確率で標本として選択する。
3. i をインクリメントする。
4. $i\ !=N$ ならば goto 2。

このアルゴリズムをコードで書くと以下のようになる。

```
template <  class PopulationIterator, class SampleIterator,
            class Distance, class UniformRandomBitGenerator >
SampleIterator sample(
    PopulationIterator first, PopulationIterator last,
    SampleIterator out,
    Distance n, UniformRandomBitGenerator&& g)
{
    auto N = std::distance( first, last ) ;

    // 確率 n/N で true を返すベルヌーイ分布
    double probability = double(n)/double(N) ;
    std::bernoulli_distribution d( probability ) ;

    // それぞれの値に対して
    std::for_each( first, last,
        [&]( auto && value )
        {
            if ( d(g) )
            {// n/N の確率で標本として選択する
                *out = value ;
                ++out ;
            }
        } ) ;

    return out ;
}
```

残念ながらこのアルゴリズムは正しく動かない。この例では、100 個の値の集合から 10 個の標本を選択したい。しかし、選ばれる標本の数はプログラムの実行ごとに異なる。このアルゴリズムは、標本の数が平均的に 10 個選ばれることが期待できるが、運が悪いと 0 個や 100 個の標本が選ばれてしまう可能性がある。

ちなみに、TAOCP Vol. 2 によれば、このとき選ばれる標本数の標準偏差

は $\sqrt{n(1-n/N)}$ になる。

正しいアルゴリズムは、要素の集合のうちの $(t+1)$ 番目の要素は、すでに m 個の要素が標本として選ばれたとき、$(n-m)(N-t)$ の確率で選ぶものだ。

9.5.2　アルゴリズム S：選択標本、要素数がわかっている集合からの標本の選択

Knuth の TAOCP Vol. 2 では、アルゴリズム S と称して、要素数のわかっている集合から標本を選択する方法を解説している。

アルゴリズム S は以下のとおり。

$0 < n \leq N$ のとき、N 個の集合から n 個の標本をランダムに選択する。

1. t, m を 0 とする。t はこれまでに処理した要素数、m は標本として選択した要素数とする。
2. $0 \leq U \leq N - t$ の範囲の乱数 U を生成する。
3. $U \geq n - m$ であれば goto 5。
4. 次の要素を標本として選択する。m と t をインクリメントする。$m < n$ であれば、goto 2。そうでなければ標本は完了したのでアルゴリズムは終了する。
5. 次の要素を標本として選択しない。t をインクリメントする。goto 2。

実装は以下のようになる。

```
template <  class PopulationIterator, class SampleIterator,
            class Distance, class UniformRandomBitGenerator >
SampleIterator
sample_s(
    PopulationIterator first, PopulationIterator last,
    SampleIterator out,
    Distance n, UniformRandomBitGenerator&& g)
{
    // 1.
    Distance t = 0 ;
    Distance m = 0 ;
    const auto N = std::distance( first, last ) ;

    auto r = [&]{
        std::uniform_int_distribution<> d(0, N-t) ;
        return d(g) ;
    } ;
```

```
    while ( m < n  && first != last )
    {
        // 2. 3.
        if ( r() >= n - m )
        {// 5.
            ++t ;
            ++first ;
        }
        else { // 4.
            *out = *first ;
            ++first ; ++out ;
            ++m ; ++t ;
        }
    }

    return out ;
}
```

9.5.3　アルゴリズム R：保管標本、要素数がわからない集合からの標本の選択

　アルゴリズム S は集合の要素数が N 個であるとわかっている場合に、n 個の標本を選択するアルゴリズムだ。では、もし N がわからない場合はどうすればいいのだろうか。

　現実には N がわからない状況がよくある。

- ユーザーからの入力
- シーケンシャルアクセスしか提供しておらず全部読み込まなければ要素数のわからないテープデバイスからの入力
- ガイガーカウンターからの入力

　このような要素数のわからない入力にアルゴリズム S を適用するには、まず一度全部入力を得て、全体の要素数を確定させた上で、全要素に対してアルゴリズム S を適用させるという 2 段階の方法を使うことができる。

　しかし、1 段階の要素の巡回だけで済ませたい。要素数のわからない入力を処理して、その時点で公平に選択された標本を得たい。

　アルゴリズム R はそのような状況で使えるアルゴリズムだ。

　アルゴリズム R では、要素数のわからない要素の集合から n 個の標本を選択する。そのために標本として選択した要素を保管しておき、新しい入力が与えられるたび

に、標本として選択するかどうかの判断をし、選択をするのであれば、保管しておいた既存の標本と置き換える。

アルゴリズムRは以下のとおり（このアルゴリズムはKnuth本とは違う）。

$n > 0$ のとき、$size \geq n$ である未確定の $size$ 個の要素数を持つ入力から、n 個の標本をランダムに選択する。標本の候補は n 個まで保管される。$1 \leq j \leq n$ のとき $I[j]$ は保管された標本を指す。

1. 入力から最初の n 個を標本として選択し、保管する。$1 \leq j \leq n$ の範囲で $I[j]$ に j 番目の標本を保管する。t の値を n とする。$I[1], \ldots, I[n]$ は現在の標本を指す。t は現在処理した入力の個数を指す。
2. 入力の終わりであればアルゴリズムを終了する。
3. t をインクリメントする。$1 \leq M \leq t$ の範囲の乱数 M を生成する。$M > n$ ならば goto 5。
4. 次の入力を $I[M]$ に保管する。goto 2。
5. 次の入力を保管しない。goto 2。

実装は以下のようになる。

```
template <  class PopulationIterator, class SampleIterator,
            class Distance, class UniformRandomBitGenerator >

SampleIterator sample_r(
    PopulationIterator first, PopulationIterator last,
    SampleIterator out,
    Distance n, UniformRandomBitGenerator&& g)
{
    Distance t = 0 ;

    auto result = out ;

    for ( ; (first != last) && (t != n) ; ++first, ++t, ++result )
    {
        out[t] = *first ;
    }

    if ( t != n )
        return result ;
```

```cpp
        auto I = [&](Distance j) -> decltype(auto) { return out[j-1] ; } ;

        while ( first != last )
        {
            ++t ;
            std::uniform_int_distribution<Distance> d( 1, t ) ;
            auto M = d(g) ;

            if ( M > n )
            {
                ++first ;
            }
            else {
                I(M) = *first ;
                ++first ;
            }
        }

        return result ;
    }
```

9.5.4 C++ の sample

ここまで説明したように、乱択アルゴリズムには2種類ある。入力の要素数がわかっている場合のアルゴリズムS（選択標本）と、入力の要素数がわからない場合のアルゴリズムR（保管標本）だ。

しかし、C++ に追加された乱択アルゴリズムの関数テンプレートの宣言は、はじめに説明したように以下の1つしかない。並列アルゴリズムには対応していない。

```cpp
template<
    class PopulationIterator, class SampleIterator,
    class Distance, class UniformRandomBitGenerator >
SampleIterator
sample(
    PopulationIterator first, PopulationIterator last,
    SampleIterator out,
    Distance n, UniformRandomBitGenerator&& g ) ;
```

[first, last) は標本を選択する先の集合を指すイテレーター。out は標本を出力する先のイテレーター。n は選択する標本の個数。g は標本を選択するのに使う乱数生成器。戻り値は out。

sample は PopulationIterator と SampleIterator のイテレーターカテゴリーによって、どちらのアルゴリズムを使うべきか判断している。

アルゴリズム S（選択標本）を使う場合、PopulationIterator は前方イテレーター、SampleIterator は出力イテレーターを満たさなければならない。

アルゴリズム R（保管標本）を使う場合、PopulationIterator は入力イテレーター、SampleIterator はランダムアクセスイテレーターを満たさなければならない。

これはどういうことかというと、要素数の取得のためには、入力元の PopulationIterator [first, last) から要素数を得る必要があり、そのためには PopulationIterator は前方イテレーターを満たしていなければならない。その場合、選択した標本はそのままイテレーターに出力すればいいので、出力先の SampleIterator は出力イテレーターを満たすだけでよい。

もし入力元の PopulationIterator が入力イテレーターしか満たさない場合、この場合は PopulationIterator の [first, last) から要素数を得ることができないので、要素数がわからないときに使えるアルゴリズム R（保管標本）を選択せざるを得ない。その場合、入力を処理するに連れて、新たに選択した標本が既存の標本を上書きするので、出力先の SampleIterator はランダムアクセスイテレーターである必要がある。

```cpp
int main()
{
    std::vector<int> input ;

    std::knuth_b g ;

    // PopulationIterator は前方イテレーターを満たす
    // SampleIterator は出力イテレーターでよい
    std::sample(    std::begin(input), std::end(input),
                    std::ostream_iterator<int>(std::cout), 100
                    g ) ;

    std::vector<int> sample(100) ;

    // PopulationIterator は入力イテレーターしか満たさない
    // SampleIterator にはランダムアクセスイテレーターが必要
```

```
    std::sample(
        std::istream_iterator<int>(std::cin),
        std::istream_iterator<int>{},
        std::begin(sample), 100, g ) ;

}
```

注意が必要なこととして、C++ の `sample` は入力元の `PopulationIterator` が前方イテレーター以上を満たす場合は、必ずアルゴリズム S（選択標本）を使うということだ。これはつまり、要素数を得るために `std::distance(first, last)` が行われるということを意味する。もしこの処理が非効率的なイテレーターを渡した場合、必要以上に非効率的なコードになってしまう。

たとえば以下のコードは、

```
int main()
{
    std::list<int> input(10000) ;
    std::list<int> sample(100) ;
    std::knuth_b g ;

    std::sample(   std::begin(input), std::end(input),
                   std::begin(sample), 100, g ) ;
}
```

以下のような意味を持つ。

```
int main()
{
    std::list<int> input(10000) ;
    std::list<int> sample(100) ;
    std::knuth_b g ;

    std::size_t count = 0 ;

    // 要素数の得るためにイテレーターを回す
    // 非効率的
    for( auto && e : input )
    { ++count ; }
```

第 9 章 その他の標準ライブラリ

```cpp
    // 標本の選択のためにイテレーターを回す
    for ( auto && e : input )
    {/* 標本の選択 */}
}
```

 std::list のメンバー関数 size は定数時間であることが保証されているため、このコードにおけるイテレーターを回すループは 1 回に抑えられる。しかし、std::sample は要素数を渡す実引数がないために要素数がイテレーターを全走査しなくてもわかっている場合でも、非効率的な処理を行わなければならない。

 もしランダムアクセスイテレーター未満、前方イテレーター以上のイテレーターカテゴリーのイテレーターの範囲から標本を選択したい場合で、イテレーターの範囲の指す要素数があらかじめわかっている場合は、自前でアルゴリズム S を実装したほうが効率がよい。

```cpp
template <  class PopulationIterator, class SampleIterator,
            class Distance, class UniformRandomBitGenerator >
SampleIterator
sample_s(
    PopulationIterator first, PopulationIterator last,
    Distance size,
    SampleIterator out,
    Distance n, UniformRandomBitGenerator&& g)
{
    // 1.
    Distance t = 0 ;
    Distance m = 0 ;
    const auto N = size ;

    auto r = [&]{
        std::uniform_int_distribution<> d(0, N-t) ;
        return d(g) ;
    } ;

    while ( m < n  && first != last )
    {
        // 2. 3.
        if ( r() >= n - m )
        {// 5.
            ++t ;
```

```
            ++first ;
        }
        else { // 4.
            *out = *first ;
            ++first ; ++out ;
            ++m ; ++t ;
        }
    }

    return out ;
}
```

9.6　shared_ptr<T[]>：配列に対する shared_ptr

C++17 では、shared_ptr が配列に対応した。

```
int main()
{
    // 配列対応の shared_ptr
    std::shared_ptr< int [] > ptr( new int[5] ) ;

    // operator [] で配列に添字アクセスできる
    ptr[0] = 42 ;

    // shared_ptr のデストラクターが delete[] を呼び出す
}
```

9.7　as_const：const 性の付与

as_const はヘッダーファイル <utility> で定義されている。

```
template <class T> constexpr add_const_t<T>& as_const(T& t) noexcept
{
    return t ;
}
```

as_const は引数として渡した lvalue リファレンスを const な lvalue リファレンスにキャストする関数だ。const 性を付与する手軽なヘルパー関数として使うことができる。

```cpp
// 1
template < typename T >
void f( T & ) {}
// 2、こちらを呼び出したい
template < typename T >
void f( T const & ) { }

int main()
{
    int x{} ;

    f(x) ; // 1

    // const を付与する冗長な方法
    int const & ref = x ;
    f(ref) ; // 2

    // 簡潔
    f( std::as_const(x) ) ; // 2
}
```

9.8 make_from_tuple : tuple の要素を実引数にコンストラクターを呼び出す

make_from_tuple はヘッダーファイル <tuple> で定義されている。

```cpp
template <class T, class Tuple>
constexpr T make_from_tuple(Tuple&& t);
```

apply は tuple の要素を実引数に関数を呼び出すライブラリだが、make_from_tuple は tuple の要素を実引数にコンストラクターを呼び出すライブラリだ。

ある型 T と要素数 N の tuple t に対して、make_from_tuple<T>(t) は、T 型を T(get<0>(t), get<1>(t), ... , get<N-1>(t)) のように構築して、構築した T 型のオブジェクトを返す。

```
class X
{
    template < typename ... Types >
    T( Types ... ) { }
} ;

int main()
{
    // int, int, int
    std::tuple t1(1,2,3) ;

    // X(1,2,3)
    X x1 = std::make_from_tuple<X>( t1 )

    // int, double, const char *
    std::tuple t2( 123, 4.56, "hello" ) ;

    // X(123, 4.56, "hello")
    X x2 = std::make_from_tuple<X>( t2 ) ;
}
```

9.9 invoke : 指定した関数を指定した実引数で呼び出す

invoke はヘッダーファイル <functional> で定義されている。

```
template <class F, class... Args>
invoke_result_t<F, Args...> invoke(F&& f, Args&&... args)
  noexcept(is_nothrow_invocable_v<F, Args...>);
```

invoke(f, t1, t2, ... , tN) は、関数 f を f(a1, a2, ... , aN) のように呼び出す。

より正確には、C++ 標準規格の INVOKE(f, t1, t2, ... , tN) と同じ規則で呼び出す。これにはさまざまな規則があり、たとえばメンバー関数へのポインターやデータメンバーへのポインター、またその場合に与えるクラスへのオブジェクトがリファレンスかポインターか reference_wrapper かによっても異なる。その詳細はここでは解説しない。

INVOKE は std::function や std::bind でも使われている規則なので、標準ライブラリと同じ挙動ができるようになると覚えておけばよい。

例：

```cpp
void f( int ) { }

struct S
{
    void f( int ) ;
    int data ;
} ;

int main()
{
    // f( 1 )
    std::invoke( f, 1 ) ;

    S s ;

    // (s.*&S::f)(1)
    std::invoke( &S::f, s, 1 ) ;
    // ((*&s).*&S::f)(1)
    std::invoke( &S::f, &s, 1 ) ;
    // s.*&S::data
    std::invoke( &S::data, s ) ;
}
```

9.10　not_fn：戻り値の否定ラッパー

not_fn はヘッダーファイル <functional> で定義されている。

```cpp
template <class F> unspecified not_fn(F&& f);
```

関数オブジェクト f に対して not_fn(f) を呼び出すと、戻り値として何らかの関数オブジェクトが返ってくる。その関数オブジェクトを呼び出すと、実引数を f に渡して f を関数呼び出しして、戻り値を operator ! で否定して返す。

```cpp
int main()
{

    auto r1 = std::not_fn( []{ return true ; } ) ;
```

```
        r1() ; // false

        auto r2 = std::not_fn( []( bool b ) { return b ; } ) ;

        r2(true) ; // false
    }
```

すでに廃止予定になった not1, not2 の代替品。

9.11　メモリー管理アルゴリズム

C++17 ではヘッダーファイル `<memory>` にメモリー管理用のアルゴリズムが追加された。

9.11.1　addressof

```
template <class T> constexpr T* addressof(T& r) noexcept;
```

addressof は C++17 以前からもある。addressof(r) は r のポインターを取得する。たとえ、r の型が operator &をオーバーロードしていても正しいポインターを取得できる。

```
    struct S
    {
        S * operator &() const noexcept
        { return nullptr ; }
    } ;

    int main()
    {
        S s ;

        // nullptr
        S * p1 = & s ;
        // 妥当なポインター
        S * p2 = std::addressof(s) ;

    }
```

9.11.2 uninitialized_default_construct

```
template <class ForwardIterator>
void uninitialized_default_construct(
    ForwardIterator first, ForwardIterator last);

template <class ForwardIterator, class Size>
ForwardIterator uninitialized_default_construct_n(
    ForwardIterator first, Size n);
```

[first, last) の範囲、もしくは first から n 個の範囲の未初期化のメモリーを typename iterator_traits<ForwardIterator>::value_type でデフォルト初期化する。2つ目のアルゴリズムは first から n 個をデフォルト初期化する。

```
int main()
{
    std::shared_ptr<void> raw_ptr
    (   ::operator new( sizeof(std::string) * 10 ),
        [](void * ptr){ ::operator delete(ptr) ; } ) ;

    std::string * ptr = static_cast<std::string *>( raw_ptr.get() ) ;

    std::uninitialized_default_construct_n( ptr, 10 ) ;
    std::destroy_n( ptr, 10 ) ;
}
```

9.11.3 uninitialized_value_construct

```
template <class ForwardIterator>
void uninitialized_value_construct(
    ForwardIterator first, ForwardIterator last);

template <class ForwardIterator, class Size>
ForwardIterator uninitialized_value_construct_n(
    ForwardIterator first, Size n);
```

使い方は uninitialized_default_construct と同じ。ただし、こちらはデフォルト初期化ではなく値初期化する。

9.11.4 uninitialized_copy

```
template <class InputIterator, class ForwardIterator>
ForwardIterator
uninitialized_copy( InputIterator first, InputIterator last,
                    ForwardIterator result);

template <class InputIterator, class Size, class ForwardIterator>
ForwardIterator
uninitialized_copy_n(    InputIterator first, Size n,
                    ForwardIterator result);
```

[first, last)の範囲、もしくはfirstからn個の範囲の値を、resultの指す未初期化のメモリーにコピー構築する。

```
int main()
{
    std::vector<std::string> input(10, "hello") ;

    std::shared_ptr<void> raw_ptr
    (   ::operator new( sizeof(std::string) * 10 ),
        [](void * ptr){ ::operator delete(ptr) ; } ) ;

    std::string * ptr = static_cast<std::string *>( raw_ptr.get() ) ;


    std::uninitialized_copy_n( std::begin(input), 10, ptr ) ;
    std::destroy_n( ptr, 10 ) ;
}
```

9.11.5 uninitialized_move

```
template <class InputIterator, class ForwardIterator>
ForwardIterator
uninitialized_move( InputIterator first, InputIterator last,
                    ForwardIterator result);

template <class InputIterator, class Size, class ForwardIterator>
```

203

```
pair<InputIterator, ForwardIterator>
uninitialized_move_n(   InputIterator first, Size n,
                        ForwardIterator result);
```

使い方は uninitialized_copy と同じ。ただしこちらはコピーではなくムーブする。

9.11.6　uninitialized_fill

```
template <class ForwardIterator, class T>
void uninitialized_fill(
    ForwardIterator first, ForwardIterator last,
    const T& x);

template <class ForwardIterator, class Size, class T>
ForwardIterator uninitialized_fill_n(
    ForwardIterator first, Size n,
    const T& x);
```

[first, last) の範囲、もしくは first から n 個の範囲の未初期化のメモリーを、コンストラクターに実引数 x を与えて構築する。

9.11.7　destroy

```
template <class T>
void destroy_at(T* location);
```

location->~T() を呼び出す。

```
template <class ForwardIterator>
void destroy(ForwardIterator first, ForwardIterator last);

template <class ForwardIterator, class Size>
ForwardIterator destroy_n(ForwardIterator first, Size n);
```

[first, last) の範囲、もしくは first から n 個の範囲に destroy_at を呼び出す。

9.12 shared_ptr::weak_type

C++17では shared_ptr に weak_type というネストされた型名が追加された。これは shared_ptr に対する weak_ptr の typedef 名となっている。

```
namespace std {

template < typename T >
class shared_ptr
{
    using weak_type = weak_ptr<T> ;
} ;

}
```

使い方:

```
template < typename Shared_ptr >
void f( Shared_ptr sptr )
{
    // C++14
    auto wptr1 = std::weak_ptr<
                    typename Shared_ptr::element_type
                >( sptr ) ;

    // C++17
    auto wptr2 = typename Shared_ptr::weak_type( sptr ) ;
}
```

9.13 void_t

ヘッダーファイル <type_traits> で定義されている void_t は以下のように定義されている。

```
namespace std {

template < class ... >
```

```
using void_t = void ;

}
```

void_t は任意個の型をテンプレート実引数として受け取る void 型だ。この性質はテンプレートメタプログラミングにおいてとても便利なので、標準ライブラリに追加された。

9.14 bool_constant

ヘッダーファイル `<type_traits>` に bool_constant が追加された。

```
template <bool B>
using bool_constant = integral_constant<bool, B>;

using true_type = bool_constant<true>;
using false_type = bool_constant<false>;
```

今まで integral_constant を使っていた場面で特に bool だけが必要な場面では、C++17 以降は単に std::true_type か std::false_type と書くだけでよくなる。

9.15 type_traits

C++17 では `<type_traits>` に機能追加が行われた。

9.15.1 変数テンプレート版 traits

C++17 では、既存の traits に変数テンプレートを利用した _v 版が追加された。

たとえば、is_integral<T>::value と書く代わりに is_integral_v<T> と書くことができる。

```
template < typename T >
void f( T x )
{
    constexpr bool b1 = std::is_integral<T>::value ; // データメンバー
    constexpr bool b2 = std::is_integral_v<T> ; // 変数テンプレート
    constexpr bool b3 = std::is_integral<T>{} ; // operator bool()
}
```

9.15.2 論理演算 traits

C++17 ではクラステンプレート conjunction, disjunction, negation が追加された。これはテンプレートメタプログラミングで論理積、論理和、否定を手軽に扱うための traits だ。

conjunction : 論理積

```
template<class... B> struct conjunction;
```

クラステンプレート conjunction<B1, B2, ..., BN> はテンプレート実引数 B1, B2, ..., BN に論理積を適用する。conjunction はそれぞれのテンプレート実引数 Bi に対して、bool(Bi::value) が false となる最初の型を基本クラスに持つか、あるいは最後の BN を基本クラスに持つ。

```
int main()
{
    using namespace std ;

    // is_void<void>を基本クラスに持つ
    using t1 =
        conjunction<
            is_same<int, int>, is_integral<int>,
            is_void<void> > ;

    // is_integral<double>を基本クラスに持つ
    using t2 =
        conjunction<
            is_same<int, int>, is_integral<double>,
            is_void<void> > ;

}
```

disjunction : 論理和

```
template<class... B> struct disjunction;
```

クラステンプレート disjunction<B1, B2, ..., BN>はテンプレート実引数 B1, B2, ..., BN に論理和を適用する。disjunction はそれぞれのテンプレート実引数 Bi に対

して、bool(Bi::value) が true となる最初の型を基本クラスに持つか、あるいは最後の BN を基本クラスに持つ。

```cpp
int main()
{
    using namespace std ;

    // is_same<int,int>を基本クラスに持つ
    using t1 =
        disjunction<
            is_same<int, int>, is_integral<int>,
            is_void<void> > ;

    // is_void<int>を基本クラスに持つ
    using t2 =
        disjunction<
            is_same<int, double>, is_integral<double>,
            is_void<int> > ;
}
```

negation : 否定

```cpp
template<class B> struct negation;
```

クラステンプレート negation<B> は B に否定を適用する。negation は基本クラスとして bool_constant<!bool(B::value)> を持つ。

```cpp
int main()
{
    using namespace std ;

    // false
    constexpr bool b1 = negation< true_type >::value ;
    // true
    constexpr bool b2 = negation< false_type >::value ;
}
```

9.15.3 is_invocable：呼び出し可能か確認する traits

```
template <class Fn, class... ArgTypes>
struct is_invocable;

template <class R, class Fn, class... ArgTypes>
struct is_invocable_r;

template <class Fn, class... ArgTypes>
struct is_nothrow_invocable;

template <class R, class Fn, class... ArgTypes>
struct is_nothrow_invocable_r;
```

is_invocable はテンプレート実引数で与えられた型 Fn がパラメーターパック ArgTypes をパック展開した結果を実引数に関数呼び出しできるかどうか、そしてその戻り値は R へ暗黙変換できるかどうかを確認する traits だ。呼び出せるのであれば true_type、そうでなければ false_type を基本クラスに持つ。

is_invocable は関数呼び出しした結果の戻り値の型については問わない。

is_invocable_r は呼び出し可能性に加えて、関数呼び出しした結果の戻り値の型が R へ暗黙変換できることが確認される。

is_nothrow_invocable と is_nothrow_invocable_r は、関数呼び出し（および戻り値型 R への暗黙変換）が無例外保証されていることも確認する。

```
int f( int, double ) ;

int main()
{
    // true
    constexpr bool b1 =
        std::is_invocable< decltype(&f), int, double >{} ;
    // true
    constexpr bool b2 =
        std::is_invocable< decltype(&f), int, int >{} ;

    // false
    constexpr bool b3 =
        std::is_invocable< decltype(&f), int >{} ;
```

```cpp
    // false
    constexpr bool b4 =
        std::is_invocable< decltype(&f), int, std::string >{} ;

    // true
    constexpr bool b5 =
        std::is_invocable_r< int, decltype(&f), int, double >{} ;
    // false
    constexpr bool b6 =
        std::is_invocable_r< double, decltype(&f), int, double >{} ;
}
```

9.15.4　has_unique_object_representations : 同値の内部表現が同一か確認するtraits

```cpp
template <class T>
struct has_unique_object_representations ;
```

has_unique_object_representations<T> は、T 型がトリビアルにコピー可能で、かつ T 型の同値である 2 つのオブジェクトの内部表現が同じ場合に、true を返す。

false を返す例としては、オブジェクトがパディング（padding）と呼ばれるアライメント調整などのための値の表現に影響しないストレージ領域を持つ場合だ。パディングビットの値は同値に影響しないので、false を返す。

たとえば以下のようなクラス X は、

```cpp
struct X
{
    std::uint8_t a ;
    std::uint32_t b ;
} ;
```

ある実装においては、4 バイトにアライメントする必要があり、そのオブジェクトの本当のレイアウトは以下のようになっているかもしれない。

```cpp
struct X
{
    std::uint8_t a ;

    std::byte unused_padding[3] ;
```

```
        std::uint32_t b ;
} ;
```

この場合、unused_padding の値には意味がなく、クラス X の同値比較には用いられない。この場合、std::has_unique_representations_v<X> は false になる。

9.15.5　is_nothrow_swappable : 無例外 swap 可能か確認する traits

```
template <class T>
struct is_nothrow_swappable;

template <class T, class U>
struct is_nothrow_swappable_with;
```

is_nothrow_swappable<T> は T 型が swap で例外を投げないときに true を返す。

is_nothrow_swappable_with<T, U> は、T 型と U 型を相互に swap するときに例外を投げないときに true を返す。

9.16　コンテナーで不完全型のサポート

注意：この説明は上級者向けだ。

C++17 では以下のコードが合法になった。このコードの挙動は C++14 までは実装依存であった。

```
struct X
{
    std::vector<X> v ;
    std::list<X> l ;
    std::forward_list<X> f ;
} ;
```

クラスはクラス定義の終了である } を持って完全型となる。クラススコープに注入されたクラス名は、クラス定義の中ではまだ完全型ではない。不完全型をコンテナーの要素型に指定した場合の挙動は、C++14 までは規定されていなかった。

C++17 では、vector, list, forward_list に限り、要素型に一時的に不完全型を許すようになった。実際にコンテナーを使う際には完全型になっていなければならない。

9.17 emplace の戻り値

C++17 ではシーケンスコンテナーの emplace_front/emplace_back, queue と stack の emplace が構築した要素へのリファレンスを返すように変更された。

そのため、C++14 では以下のように書いていたコードが、

```
int main()
{
    std::vector<int> v ;

    v.emplace_back(0) ; // void
    int value = v.back() ;
}
```

以下のように書けるようになった。

```
int main()
{
    std::vector<int> v ;

    int value = v.emplace_back(0) ;
}
```

9.18 map と unordered_map の変更

map と unordered_map に、try_emplace と insert_or_assign という 2 つのメンバー関数が入った。このメンバー関数は multi_map と unordered_multi_map には追加されていない。

9.18.1 try_emplace

```
template <class... Args>
pair<iterator, bool>
try_emplace(const key_type& k, Args&&... args);

template <class... Args>
iterator
```

9.18 map と unordered_map の変更

```
try_emplace(
    const_iterator hint,
    const key_type& k, Args&&... args);
```

従来の emplace は、キーに対応する要素が存在しない場合、要素が args から emplace 構築されて追加される。もし、キーに対応する要素が存在する場合、要素は追加されない。要素が追加されないとき、args がムーブされるかどうかは実装定義である。

```cpp
int main()
{
    std::map< int, std::unique_ptr<int> > m ;

    // すでに要素が存在する
    m[0] = nullptr ;

    auto ptr = std::make_unique<int>(0) ;
    // emplace は失敗する
    auto [iter, is_emplaced] = m.emplace( 0, std::move(ptr) ) ;

    // 結果は実装により異なる
    // ptr はムーブされているかもしれない
    bool b = ( ptr != nullptr ) ;
}
```

この場合、実際に map に要素は追加されていないのに、ptr はムーブされてしまうかもしれない。

このため、C++17 では、要素が追加されなかった場合 args はムーブされないことが保証される try_emplace が追加された。

```cpp
int main()
{
    std::map< int, std::unique_ptr<int> > m ;

    // すでに要素が存在する
    m[0] = nullptr ;

    auto ptr = std::make_unique<int>(0) ;
    // try_emplace は失敗する
```

```cpp
    auto [iter, is_emplaced] = m.try_emplace( 0, std::move(ptr) ) ;

    // true であることが保証される
    // ptr はムーブされていない
    bool b = ( ptr != nullptr ) ;
}
```

9.18.2　insert_or_assign

```cpp
template <class M>
pair<iterator, bool>
insert_or_assign(const key_type& k, M&& obj);

template <class M>
iterator
insert_or_assign(
    const_iterator hint,
    const key_type& k, M&& obj);
```

insert_or_assign は key に連想された要素が存在する場合は要素を代入し、存在しない場合は要素を追加する。operator [] との違いは、要素が代入されたか追加されたかが、戻り値の pair の bool でわかるということだ。

```cpp
int main()
{
    std::map< int, int > m ;
    m[0] = 0 ;

    {
        // 代入
        // is_inserted は false
        auto [iter, is_inserted] = m.insert_or_assign( 0, 1 ) ;
    }

    {
        // 追加
        // is_inserted は true
        auto [iter, is_inserted] = m.insert_or_assign( 1, 1 ) ;
    }
```

```
    }
```

9.19 連想コンテナーへの splice 操作

C++17 では、連想コンテナーと非順序連想コンテナーで splice 操作がサポートされた。

対象のコンテナーは map, set, multimap, multiset, unordered_map, unordered_set, unordered_multimap, unordered_multiset だ。

splice 操作とは list で提供されている操作で、アロケーター互換の list のオブジェクトの要素をストレージと所有権ごと別のオブジェクトに移動する機能だ。

```cpp
int main()
{
    std::list<int> a = {1,2,3} ;
    std::list<int> b = {4,5,6} ;

    a.splice( std::end(a), b, std::begin(b) ) ;

    // a は{1,2,3,4}
    // b は{5,6}

    b.splice( std::end(b), a ) ;

    // a は{}
    // b は{5,6,1,2,3,4}

}
```

連想コンテナーでは、ノードハンドルという仕組みを用いて、コンテナーのオブジェクトから要素の所有権をコンテナーの外に出す仕組みで、splice 操作を行う。

9.19.1 merge

すべての連想コンテナーと非順序連想コンテナーは、メンバー関数 merge を持っている。コンテナー a, b がアロケーター互換のとき、a.merge(b) は、コンテナー b の要素の所有権をすべてコンテナー a に移す。

```cpp
int main()
{
```

```cpp
    std::set<int> a = {1,2,3} ;
    std::set<int> b = {4,5,6} ;

    // b の要素をすべて a に移す
    a.merge(b) ;

    // a は{1,2,3,4,5,6}
    // b は{}
}
```

もし、キーの重複を許さないコンテナーの場合で、値が重複した場合、重複した要素は移動しない。

```cpp
int main()
{
    std::set<int> a = {1,2,3} ;
    std::set<int> b = {1,2,3,4,5,6} ;

    a.merge(b) ;

    // a は{1,2,3,4,5,6}
    // b は{1,2,3}

}
```

merge によって移動された要素を指すポインターとイテレーターは、要素の移動後も妥当である。ただし、所属するコンテナーのオブジェクトが変わる。

```cpp
int main()
{
    std::set<int> a = {1,2,3} ;
    std::set<int> b = {4,5,6} ;


    auto iterator = std::begin(b) ;
    auto pointer = &*iterator ;

    a.merge(b) ;

    // iterator と pointer はまだ妥当
```

    // ただし要素は a に所属する
}

9.19.2 ノードハンドル

ノードハンドルとは、コンテナーオブジェクトから要素を構築したストレージの所有権を切り離す機能だ。

ノードハンドルの型は、各コンテナーのネストされた型名 node_type となる。たとえば std::set<int> のノードハンドル型は、std::set<int>::node_type となる。

ノードハンドルは以下のようなメンバーを持っている。

```
class node_handle
{
public :
    // ネストされた型名
    using value_type = ... ;        // set 限定、要素型
    using key_type = ... ;          // map 限定、キー型
    using mapped_type = ... ;       // map 限定、マップ型
    using allocator_type = ... ;    // アロケーターの型

    // デフォルトコンストラクター
    // ムーブコンストラクター
    // ムーブ代入演算子


    // 値へのアクセス
    value_type & value() const ;    // set 限定
    key_type & key() const ;        // map 限定
    mapped_type & mapped() const ;  // map 限定

    // アロケーターへのアクセス
    allocator_type get_allocator() const ;

    // 空かどうかの判定
    explicit operator bool() const noexcept ;
    bool empty() const noexcept ;

    void swap( node_handle & ) ;
} ;
```

setのノードハンドルはメンバー関数valueで値を得る。

```
int main()
{
    std::set<int> c = {1,2,3} ;

    auto n = c.extract(2) ;

    // n.value() == 2
    // cは{1,3}
}
```

mapのノードハンドルはメンバー関数keyとmappedでそれぞれの値を得る。

```
int main()
{
    std::map< int, int > m =
    {
        {1,1}, {2,2}, {3,3}
    } ;

    auto n = m.extract(2) ;

    // n.key() == 2
    // n.mapped() == 2
    // mは{{1,1},{3,3}}

}
```

ノードハンドルはノードをコンテナーから切り離し、所有権を得る。そのため、ノードハンドルによって得たノードは、元のコンテナーから独立し、元のコンテナーオブジェクトの破棄の際にも破棄されない。ノードハンドルのオブジェクトの破棄時に破棄される。このため、ノードハンドルはアロケーターのコピーも持つ。

```
int main()
{
    std::set<int>::node_type n ;

    {
        std::set<int> c = { 1,2,3 } ;
```

9.19 連想コンテナーへの splice 操作

```
        // 所有権の移動
        n = c.extract( std::begin(c) ) ;
        // c が破棄される
    }

    // OK
    // ノードハンドルによって所有権が移動している
    int x = n.value() ;

    // n が破棄される
}
```

9.19.3 extract : ノードハンドルの取得

```
node_type extract( const_iterator position ) ;
node_type extract( const key_type & x ) ;
```

連想コンテナーと非順序連想コンテナーのメンバー関数 extract は、ノードハンドルを取得するためのメンバー関数だ。

メンバー関数 extract(position) は、イテレーターの position が指す要素を、コンテナーから除去して、その要素を所有するノードハンドルを返す。

```
int main()
{
    std::set<int> c = {1,2,3} ;

    auto n1 = c.extract( std::begin(c) ) ;

    // c は{2,3}

    auto n2 = c.extract( std::begin(c) ) ;

    // c は{3}

}
```

メンバー関数 extract(x) は、キー x がコンテナーに存在する場合、その要素をコンテナーから除去して、その要素を所有するノードハンドルを返す。存在しない場合、空のノードハンドルを返す。

```cpp
int main()
{
    std::set<int> c = {1,2,3} ;

    auto n1 = c.extract( 1 ) ;
    // c は{2,3}

    auto n2 = c.extract( 2 ) ;
    // c は{3}

    // キー 4 は存在しない
    auto n3 = c.extract( 4 ) ;
    // c は{3}
    // n3.empty() == true
}
```

キーの重複を許すコンテナーの場合、複数あるうちの1つの所有権が解放される。

```cpp
int main()
{
    std::multiset<int> c = {1,1,1} ;
    auto n = c.extract(1) ;
    // c は{1,1}
}
```

9.19.4 insert : ノードハンドルから要素の追加

```cpp
// キーの重複を許さないコンテナーの場合
insert_return_type   insert(node_type&& nh);
// キーの重複を許すmulti コンテナーの場合
iterator   insert(node_type&& nh);

// ヒント付きの insert
iterator             insert(const_iterator hint, node_type&& nh);
```

ノードハンドルをコンテナーのメンバー関数 insert の実引数に渡すと、ノードハンドルから所有権をコンテナーに移動する。

```cpp
int main()
```

9.19 連想コンテナーへの splice 操作

```cpp
{
    std::set<int> a = {1,2,3} ;
    std::set<int> b = {4,5,6} ;

    auto n = a.extract(1) ;

    b.insert( std::move(n) ) ;

    // n.empty() == true
}
```

ノードハンドルが空の場合、何も起こらない。

```cpp
int main()
{
    std::set<int> c ;
    std::set<int>::node_type n ;

    // 何も起こらない
    c.insert( std::move(n) ) ;
}
```

キーの重複を許さないコンテナーに、すでにコンテナーに存在するキーと等しい値を所有するノードハンドルを insert しようとすると、insert は失敗する。

```cpp
int main()
{
    std::set<int> c = {1,2,3} ;

    auto n = c.extract(1) ;
    c.insert( 1 ) ;

    // 失敗する
    c.insert( std::move(n) ) ;
}
```

第一引数にイテレーター hint を受け取る insert の挙動は、従来の insert と同じだ。要素が hint の直前に追加されるのであれば償却定数時間で処理が終わる。

ノードハンドルを実引数に受け取る insert の戻り値の型は、キーの重複を許す multi コンテナーの場合 iterator。キーの重複を許さないコンテナーの場合、

221

insert_return_type となる。

multi コンテナーの場合、戻り値は追加した要素を指すイテレーターとなる。

```
int main()
{
    std::multiset<int> c { 1,2,3 } ;

    auto n = c.extract( 1 ) ;

    auto iter = c.insert( n ) ;

    // c は{1,2,3}
    // iter は 1 を指す
}
```

キーの重複を許さないコンテナーの場合、コンテナーにネストされた型名 insert_return_type が戻り値の型となる。たとえば set<int>の場合、set<int>::insert_return_type となる。

insert_return_type の具体的な名前は規格上規定されていない。insert_return_typeは以下のようなデータメンバーを持つ型となっている。

```
struct insert_return_type
{
    iterator position ;
    bool inserted ;
    node_type node ;
} ;
```

position は insert によってコンテナーに所有権を移動して追加された要素を指すイテレーター、inserted は要素の追加が行われた場合に true となる bool, node は要素の追加が失敗したときにノードハンドルの所有権が移動されるノードハンドルとなる。

insert に渡したノードハンドルが空のとき、inserted は false, position は end(), node は空になる。

```
int main()
{
    std::set<int> c = {1,2,3} ;
    std::set<int>::node_type n ; // 空
```

9.19 連想コンテナへの splice 操作

```cpp
        auto [position, inserted, node] = c.insert( std::move(n) ) ;

        // inserted == false
        // position == c.end()
        // node.empty() == true
    }
```

insert が成功したとき、inserted は true, position は追加された要素を指し、node は空になる。

```cpp
    int main()
    {
        std::set<int> c = {1,2,3} ;
        auto n = c.extract(1) ;

        auto [position, inserted, node] = c.insert( std::move(n) ) ;

        // inserted == true
        // position == c.find(1)
        // node.empty() == true
    }
```

insert が失敗したとき、つまりすでに同一のキーがコンテナに存在したとき、inserted は false, node は insert を呼び出す前のノードハンドルの値、position はコンテナの中の追加しようとしたキーに等しい要素を指す。insert に渡したノードハンドルは未規定の値になる。

```cpp
    int main()
    {
        std::set<int> c = {1,2,3} ;
        auto n = c.extract(1) ;
        c.insert(1) ;

        auto [position, inserted, node] = c.insert( std::move(n) ) ;

        // n は未規定の値
        // inserted == false
        // node は insert( std::move(n) ) を呼び出す前の n の値
        // position == c.find(1)
```

}
```

規格はこの場合の n の値について規定していないが、最もありうる実装としては、n は node にムーブされるので、n は空になり、ムーブ後の状態になる。

### 9.19.5　ノードハンドルの利用例

ノードハンドルの典型的な使い方は以下のとおり。

**ストレージの再確保なしに、コンテナーの一部の要素だけ別のコンテナーに移す**

```
int main()
{
    std::set<int> a = {1,2,3} ;
    std::set<int> b = {4,5,6} ;

    auto n = a.extract(1) ;
    b.insert( std::move(n) ) ;
}
```

コンテナーの寿命を超えて要素を存続させる

```
int main()
{
    std::set<int>::node_type n ;

    {
        std::set<int> c = {1,2,3} ;
        n = c.extract(1) ;
        // c が破棄される
    }

    // コンテナーの破棄後も存続する
    int value = n.value() ;
}
```
```

map のキーを変更する

map ではキーは変更できない。キーを変更したければ、元の要素は削除して、新しい要素を追加する必要がある。これには動的なストレージの解放と確保が必要になる。

ノードハンドルを使えば、既存の要素のストレージに対して、所有権を map から引き剥がした上で、キーを変更して、もう一度 map に差し戻すことができる。

```cpp
int main()
{
    std::map< std::string, std::string > m =
    {
        {"cat", "meow"},
        {"DOG", "bow"}, // キーを間違えたので変更したい
        {"cow", "moo"}
    } ;

    // 所有権を引き剥がす
    auto n = m.extract("DOG") ;
    // キーを変更
    n.key() = "dog" ;
    // 差し戻す
    m.insert( std::move(n) ) ;
}
```

9.20　コンテナーアクセス関数

ヘッダーファイル `<iterator>` に、コンテナーアクセス関数として、フリー関数版の size, empty, data が追加された。それぞれ、メンバー関数の size, empty, data を呼び出す。

```cpp
int main()
{
    std::vector<int> v ;

    std::size(v) ;  // v.size()
    std::empty(v) ; // v.empty()
    std::data(v) ;  // v.data()
}
```

このフリー関数は配列や `std::initializer_list<T>` にも使える。

```
int main()
{
    int a[10] ;

    std::size(a) ; // 10
    std::empty(a) ; // 常に false
    std::data(a) ; // a
}
```

9.21　clamp

```
template<class T>
constexpr const T&
clamp(const T& v, const T& lo, const T& hi);
template<class T, class Compare>
constexpr const T&
clamp(const T& v, const T& lo, const T& hi, Compare comp);
```

ヘッダーファイル `<algorithm>` に追加された `clamp(v, lo, hi)` は値 v が lo より小さい場合は lo を、hi より高い場合は hi を、それ以外の場合は v を返す。

```
int main()
{
    std::clamp( 5, 0, 10 ) ; // 5
    std::clamp( -5, 0, 10 ) ; // 0
    std::clamp( 50, 0, 10 ) ; // 10
}
```

comp を実引数に取る clamp は comp を値の比較に使う
clamp には浮動小数点数も使えるが、NaN は渡せない。

9.22　3次元 hypot

```
float hypot(float x, float y, float z);
double hypot(double x, double y, double z);
```

```
long double hypot(long double x, long double y, long double z);
```

ヘッダーファイル `<cmath>` に 3 次元の `hypot` が追加された。

戻り値:
$$\sqrt{x^2 + y^2 + z^2}$$

9.23　atomic<T>::is_always_lock_free

```
template < typename T >
struct atomic
{
    static constexpr bool is_always_lock_free = ... ;
} ;
```

C++17 で `<atomic>` に追加された `atomic<T>::is_always_lock_free` は、`atomic<T>` の実装がすべての実行においてロックフリーであるとコンパイル時に保証できる場合、`true` になる `static constexpr` な `bool` 型のデータメンバーだ。

`atomic` には、他にも `bool` を返すメンバー関数 `is_lock_free` があるが、これは実行時にロックフリーであるかどうかを判定できる。`is_always_lock_free` はコンパイル時にロックフリーであるかどうかを判定できる。

9.24　scoped_lock : 可変長引数 lock_guard

`std::scoped_lock` クラス `<T ...>` は可変長引数版の `lock_guard` だ。

```
int main()
{
    std::mutex a, b, c, d ;

    {
        // a,b,c,d を lock する
        std::scoped_lock l( a, b, c, d ) ;
        // a,b,c,d を unlock する
    }
}
```

std::scoped_lock のコンストラクターは複数のロックのオブジェクトのリファレンスを取り、それぞれにデッドロックを起こさない方法でメンバー関数 lock を呼び出す。デストラクターはメンバー関数 unlock を呼び出す。

9.25 std::byte

C++17 ではバイトを表現する型として std::byte がライブラリに追加された。これは、コア言語の一部であり、別項で詳しく解説を行っている。

9.26 最大公約数（gcd）と最小公倍数（lcm）

C++17 ではヘッダーファイル <numeric> に最大公約数（gcd）と最小公倍数（lcm）が追加された。

```
int main()
{
    int a, b ;

    while( std::cin >> a >> b )
    {
        std::cout
            << "gcd: " << gcd(a,b)
            << "\nlcm: " << lcm(a,b) << '\n' ;
    }
}
```

9.26.1 gcd : 最大公約数

```
template <class M, class N>
constexpr std::common_type_t<M,N> gcd(M m, N n)
{
    if ( n == 0 )
        return m ;
    else
        return gcd( n, std::abs(m) % std::abs(n) ) ;
}
```

gcd(m, n) は m と n がともにゼロの場合ゼロを返す。それ以外の場合、$|m|$ と $|n|$ の最大公約数（Greatest Common Divisor）を返す。

9.26.2　lcm：最小公倍数

```
template <class M, class N>
constexpr std::common_type_t<M,N> lcm(M m, N n)
{
    if ( m == 0 || n == 0 )
        return 0 ;
    else
        return std::abs(m) / gcd( m, n ) * std::abs(n) ;
}
```

lcm(m,n) は、m と n のどちらかがゼロの場合ゼロを返す。それ以外の場合、$|m|$ と $|n|$ の最小公倍数（Least Common Multiple）を返す。

第10章
ファイルシステム

　ヘッダーファイル `<filesystem>` で定義されている標準ライブラリのファイルシステムは、ファイルやディレクトリーとその属性を扱うためのライブラリだ。

　一般に「ファイルシステム」といった場合、たとえば Linux の ext4, Microsoft Windows の FAT や NTFS, Apple Mac の HFS+ や APFS といったファイルとその属性を表現するためのストレージ上のデータ構造を意味する。C++ の標準ライブラリのファイルシステムとは、そのようなファイルシステムを実現するデータ構造を操作するライブラリではない。ファイルシステムというデータ構造で抽象化された、ファイルやディレクトリーとその属性、それに付随する要素、たとえばパスやファイルやディレクトリーを操作するためのライブラリのことだ。

　また、ファイルシステムライブラリでは、「ファイル」という用語は単に通常のファイルのみならず、ディレクトリー、シンボリックリンク、FIFO（名前付きパイプ）、ソケットなどの特殊なファイルも含む。

　本書ではファイルシステムライブラリのすべてを詳細に解説していない。ファイルシステムライブラリは量が膨大なので、特定の関数の意味については、C++ コンパイラーに付属のリファレンスマニュアルなどを参照するとよい。

10.1　名前空間

　ファイルシステムライブラリは `std::filesystem` 名前空間スコープの下に宣言されている。

```
int main()
{
    std::filesystem::path p("/bin") ;
}
```

この名前空間は長いので、ファイルシステムライブラリを使うときは、関数のブロックスコープ単位でusingディレクティブを使うか、名前空間エイリアスを使って短い別名を付けるとよい。

```cpp
void using_directive()
{
    // using ディレクティブ
    using namespace std::filesystem ;

    path p("/etc") ;
}

void namespace_alias()
{
    // 名前空間エイリアス
    namespace fs = std::filesystem ;

    fs::path p("/usr") ;
}
```

10.2 POSIX 準拠

C++のファイルシステムのファイル操作の挙動は、POSIX規格に従う。実装によってはPOSIXに規定された挙動を提供できない場合もある。その場合は制限の範囲内で、できるだけPOSIXに近い挙動を行う。実装がどのような意味のある挙動も提供できない場合、エラーが通知される。

10.3 ファイルシステムの全体像

ファイルシステムライブラリの全体像を簡単に箇条書きすると以下のとおり。

- クラス `path` でファイルパス文字列を扱う
- 例外クラス `filesystem_error` とクラス `error_code` でエラー通知
- クラス `file_status` でファイルの情報とパーミッションの取得、設定
- クラス `directory_entry` でディレクトリーの情報の取得、設定
- クラス `directory_iterator` でディレクトリー構造をイテレーターとしてたどる

- 多数のフリー関数でファイルとディレクトリーの操作

10.4 エラー処理

　ファイルシステムライブラリでエラーが発生した場合、エラーの通知方法には2種類の方法がある。例外を使う方法と、ヘッダーファイル `<system_error>` で定義されているエラー通知用のクラス `std::error_code` へのリファレンスを実引数として渡してエラー内容を受け取る方法だ。

　エラー処理の方法は、エラーの起こる期待度によって選択できる。一般に、エラーがめったに起こらない場合、エラーが起こるのは予期していない場合、エラー処理には例外を使ったほうがよい。エラーが頻繁に起こる場合、エラーが起こることが予期できる場合、エラー処理には例外を使わないほうがよい。

10.4.1 例外

　ファイルシステムライブラリの関数のうち、`std::error_code &` 型を実引数に取らない関数は、以下のようにエラー通知を行う。

- OS によるファイルシステム操作においてエラーが発生した場合、`std::filesystem::filesystem_error` 型の例外が throw される。1 つの path を実引数に取る関数の場合、`filesystem_error` のメンバー関数 path1 で実引数の path が得られる。2 つの path を実引数に取る関数の場合、`filesystem_error` のメンバー関数 path1, path2 で第一、第二引数がそれぞれ得られる。`filesystem_error` はエラー内容に応じた error_code を持つ
- ストレージの確保に失敗した場合、既存の例外による通知が行われる
- デストラクターは例外を投げない

例外を使ったエラー処理は以下のとおり。

```cpp
int main()
{
    using namespace std::filesystem ;

    try {
        // ファイル名から同じファイル名へのコピーによるエラー
        path file("foobar.txt") ;
        std::ofstream{ file } ;
        copy_file( file, file ) ;
```

```
        } catch( filesystem_error & e )
        { // エラーの場合
            auto path1 = e.path1() ; // 第一引数
            auto path2 = e.path2() ; // 第二引数
            auto error_code = e.code() ; // error_code

            std::cout
                << "error number: " << error_code.value ()
                << "\nerror message: " << error_code.message()
                << "\npath1: " << path1
                << "\npath2: " << path2 << '\n' ;
        }
    }
```

filesystem_error は以下のようなクラスになっている。

```
namespace std::filesystem {
    class filesystem_error : public system_error {
    public:
        // 第一引数
        const path& path1() const noexcept;
        // 第二引数
        const path& path2() const noexcept;
        // エラー内容を人間が読める null 終端文字列で返す
        const char* what() const noexcept override;
    };
}
```

10.4.2 非例外

ファイルシステムライブラリの関数のうち、std::error_code & 型を実引数に取る関数は、以下のようにエラー通知を行う。

- OS によるファイルシステム操作においてエラーが発生した場合、error_code & 型の実引数がエラー内容に応じて設定される。エラーがない場合、error_code & 型の実引数に対してメンバー関数 clear() が呼ばれる。

```
int main()
```

```cpp
{
    using namespace std::filesystem ;

    // ファイル名から同じファイル名へのコピーによるエラー
    path file("foobar.txt") ;
    std::ofstream{ file } ;
    std::error_code error_code;
    copy_file( file, file, error_code ) ;

    if ( error_code )
    { // エラーの場合
        auto path1 = file ; // 第一引数
        auto path2 = file ; // 第二引数

        std::cout
            << "error number: " << error_code.value ()
            << "\nerror message: " << error_code.message()
            << "\npath1: " << path1
            << "\npath2: " << path2 << '\n' ;
    }
}
```

10.5 path：ファイルパス文字列クラス

`std::filesystem::path` はファイルパスを文字列で表現するためのクラスだ。文字列を表現するクラスとして C++ にはすでに `std::string` があるが、ファイルパスという文字列を表現するために、別の専用クラスが作られた。

クラス path は以下の機能を提供する。

- ファイルパス文字列の表現
- ファイルパス文字列の操作

path はファイルパス文字列の表現と操作だけを提供するクラスで、物理ファイルシステムへの変更のコミットはしない。

ファイルパス文字列がどのように表現されているかは実装により異なる。POSIX 環境では文字型を `char` 型として UTF-8 エンコードで表現する OS が多いが、Microsoft Windows では本書執筆現在、文字型を `wchar_t` として UTF-16 エンコー

ドで表現する慣習になっている。

また、OS によってはラテンアルファベットの大文字小文字を区別しなかったり、区別はするが無視されたりする実装もある。

クラス path はそのようなファイルパス文字列の差異を吸収してくれる。

クラス path には以下のようなネストされた型名がある。

```
namespace std::filesystem {
    class path {
    public:
        using value_type = see below ;
        using string_type = basic_string<value_type>;
        static constexpr value_type preferred_separator = see below ;
    } ;
}
```

value_type と string_type は path が内部でファイルパス文字列を表現するのに使う文字と文字列の型だ。preferred_separator は、推奨されるディレクトリー区切り文字だ。たとえば POSIX 互換環境では / が用いられるが、Microsoft Windows では \ が使われている。

10.5.1　path：ファイルパスの文字列

ファイルパスは文字列で表現する。C++ の文字列のエンコードには以下のものがある。

- char: ネイティブナローエンコード
- wchar_t: ネイティブワイドエンコード
- char: UTF-8 エンコード
- char16_t: UTF-16 エンコード
- char32_t: UTF-32 エンコード

path::value_type がどの文字型を使い、どの文字列エンコードを使っているかは実装依存だ。path はどの文字列エンコードが渡されても、path::value_type の文字型と文字エンコードになるように自動的に変換が行われる。

```
int main()
{
    using namespace std::filesystem ;

    // ネイティブナローエンコード
```

10.5 path：ファイルパス文字列クラス

```
    path p1( "/dev/null" ) ;
    // ネイティブワイドエンコード
    path p2( L"/dev/null" ) ;
    // UTF-16 エンコード
    path p3( u"/dev/null" ) ;
    // UTF-32 エンコード
    path p4( U"/dev/null" ) ;
}
```

なので、どの文字列エンコードで渡しても動く。

C++ では UTF-8 エンコードの文字型は char で、これはネイティブナローエンコードの文字型と同じなので、型システムによって区別できない。そのため、UTF-8 文字列リテラルを渡すと、ネイティブナローエンコードとして認識される。

```
int main()
{
    using namespace std::filesystem ;

    // ネイティブナローエンコードとして解釈される
    path p( u8"ファイル名" ) ;
}
```

このコードは、ネイティブナローエンコードが UTF-8 ではない場合、動く保証のない移植性の低いコードだ。UTF-8 エンコードを移植性の高い方法でファイルパスとして使いたい場合、u8path を使うとよい。

```
int main()
{
    using namespace std::filesystem ;

    // UTF-8 エンコードとして解釈される
    // 実装の使う文字エンコードに変換される
    path = u8path( u8"ファイル名" ) ;
}
```

u8path(Source) は Source を UTF-8 エンコードされた文字列として扱うので、通常の文字列リテラルを渡すと、ネイティブナローエンコードが UTF-8 ではない環境では問題になる。

```
int main()
```

第10章 ファイルシステム

```
{
    using namespace std::filesystem ;

    // UTF-8 エンコードとして解釈される
    // ネイティブナローエンコードが UTF-8 ではない場合、問題になる
    path = u8path( "ファイル名" ) ;
}
```

u8path を使う場合は、文字列は必ず UTF-8 エンコードしなければならない。

環境によっては、ファイルパスに使える文字に制限があり、また特定の文字列は特別な意味を持つ予約語になっていることもあるので、移植性の高いプログラムの作成に当たってはこの点でも注意が必要だ。たとえば、環境によっては大文字小文字の区別をしないかもしれない。また、CON や AUX のような文字列が特別な意味を持つかもしれない。

path に格納されているファイルパス文字列を取得する方法は、環境依存の文字列エンコードとファイルパスの表現方法の差異により、さまざまな方法が用意されている。

ファイルパス文字列のフォーマットには以下の2つがある。

- ネイティブ： 実装依存のフォーマット
- ジェネリック：汎用的な標準のフォーマット

POSIX 準拠の環境においては、ネイティブとジェネリックはまったく同じだ。POSIX 準拠ではない環境では、ネイティブとジェネリックは異なるフォーマットを持つ可能性がある。

たとえば、Microsoft Windows では、ネイティブのファイルパス文字列はディレクトリーの区切り文字に POSIX 準拠の / ではなく \ を使っている。

まずメンバー関数 native と c_str がある。

```
class path {
{
public :
    const string_type& native() const noexcept;
    const value_type* c_str() const noexcept;
} ;
```

これはクラス path が内部で使っている実装依存のネイティブな文字列型をそのまま返すものだ。

10.5 path : ファイルパス文字列クラス

```
int main()
{
    using namespace std::filesystem ;

    path p = current_path() ;

    // 実装依存の basic_string の特殊化
    path::string_type str = p.native() ;

    // 実装依存の文字型
    path::value_type const * ptr = p.c_str() ;

}
```

このメンバー関数を使うコードは移植性に注意が必要だ。

str の型は path::string_type で、ptr の型は実装依存の path::value_type const * だ。path::value_type と path::string_type は、char や wchar_t, std::string や std::wstring のような C++ が標準で定義する型ではない可能性がある。

そして、path::string_type への変換関数 operator string_type() がある。

```
int main()
{
    using namespace std::experimental::filesystem ;

    auto p = current_path() ;

    // 暗黙の型変換
    path::string_type str = p ;
}
```

path の operator string_type() は、ネイティブの文字列型を既存のファイルストリームライブラリでオープンできる形式に変換して返す。たとえば空白文字を含むファイルパスのために、二重引用符で囲まれている文字列に変換されるかもしれない。

```
int main()
{
    using namespace std::filesystem ;
```

```
    path name("foo bar.txt") ;
    std::basic_ofstream<path::value_type> file( name ) ;
    file << "hello" ;
}
```

ネイティブのファイルパス文字列を string, wstring, u16string, u32string に変換して取得するメンバー関数に以下のものがある。

```
class path {
public :
    std::string string() const;
    std::wstring wstring() const;
    std::string u8string() const;
    std::u16string u16string() const;
    std::u32string u32string() const;
} ;
```

このうち、メンバー関数 string はネイティブナローエンコードされた std::string、メンバー関数 u8string は UTF-8 エンコードされた std::string を返す。

```
int main()
{
    using namespace std::filesystem ;

    path name("hello.txt") ;
    std::ofstream file( name.string() ) ;
    file << "hello" ;
}
```

ファイルパス文字列をジェネリックに変換して返す generic_string() 系のメンバー関数がある。

```
class path {
public :
    std::string generic_string() const;
    std::wstring generic_wstring() const;
    std::string generic_u8string() const;
    std::u16string generic_u16string() const;
    std::u32string generic_u32string() const
} ;
```

使い方はネイティブな文字列を返す string() 系のメンバー関数と同じだ。

ファイルパスの文字列の文字型と文字列エンコードは環境ごとに異なるので、移植性の高いコードを書くときには注意が必要だ。

現実的には、モダンな POSIX 準拠の環境では、文字型は char, 文字列型は std::string, エンコードは UTF-8 になる。

Microsoft Windows の Win32 サブシステムと MSVC は POSIX 準拠ではなく、本書執筆時点では、歴史的経緯により、文字型は wchar_t, 文字列型は std::wstring, エンコードは UTF-16 となっている。

10.5.2 ファイルパスの操作

クラス path はファイルパス文字列の操作を提供している。std::string とは違い、find や substr のような操作は提供していないが、ファイルパス文字列に特化した操作を提供している。

operator /, operator /= はセパレーターで区切ったファイルパス文字列の追加を行う。

```
int main()
{
    using namespace std::filesystem ;

    path p("/") ;

    // "/usr"
    p /= "usr" ;
    // "/usr/local/include"
    p = p / "local" / "include" ;
}
```

operator += は単なる文字列の結合を行う。

```
int main()
{
    using namespace std::filesystem ;

    path p("/") ;

    // "/usr"
    p += "usr" ;
```

```
        // "/usrlocal"
        p += "local" ;
        // "/usrlocalinclude"
        p += "include" ;
    }
```

operator / と違い、operator + は存在しない。

その他にも、path はさまざまなファイルパス文字列に対する操作を提供している。以下はその一例だ。

```
    int main()
    {
        using namespace std::filesystem ;

        path p( "/home/cpp/src/main.cpp" ) ;

        // "main.cpp"
        path filename = p.filename() ;
        // "main"
        path stem = p.stem() ;
        // ".cpp"
        path extension = p.extension() ;
        // "/home/cpp/src/main.o"
        p.replace_extension("o") ;
        // "/home/cpp/src/"
        p.remove_filename() ;
    }
```

path はファイルパス文字列に対してよく行う文字列処理を提供している。たとえばファイル名だけ抜き出す処理、拡張子だけ抜き出す処理、拡張子を変える処理などだ。

10.6　file_status

クラス file_status はファイルのタイプとパーミッションを保持するクラスだ。

ファイルのタイプとパーミッションはファイルパス文字列を指定して取得する方法が別途あるが、その方法では毎回物理ファイルシステムへのアクセスが発生する。file_status はファイルのタイプとパーミッション情報を保持するクラスとして、い

10.6 file_status

わばキャッシュの役割を果たす。

`file_status` は物理ファイルシステムへの変更のコミットはしない。

`file_status` クラスは `status(path)` もしくは `status(path, error_code)` で取得できる。あるいは、`directory_entry` のメンバー関数 `status()` から取得できる。

タイプというのは、ファイルが種類を表す `enum` 型 `file_type` で、通常のファイルやディレクトリーやシンボリックリンクといったファイルの種類を表す。

パーミッションというのは、ファイルの権限を表すビットマスクで `enum` 型 `perms` で、ファイルの所有者とグループと他人に対する読み込み、書き込み、実行のそれぞれの権限を表している。この値は POSIX の値と同じになっている。

ファイルのタイプとパーミッションを取得するメンバー関数は以下のとおり。

```cpp
class file_type {
public :
    file_type type() const noexcept;
    perms permissions() const noexcept;
} ;
```

以下のように使う。

```cpp
int main()
{
    using namespace std::filesystem ;

    directory_iterator iter("."), end ;

    int regular_files = 0 ;
    int execs = 0 ;

    std::for_each( iter, end, [&]( auto entry )
    {
        auto file_status = entry.status() ;
        // is_regular_file( file_status ) でも可
        if ( file_status.type() == file_type::regular )
            ++regular_files ;

        constexpr auto exec_bits =
            perms::owner_exec | perms::group_exec | perms::others_exec ;

        auto permissions = file_status.permissions() ;
```

243

```
            if ( (  permissions != perms::unknown) &&
                    (permissions & exec_bits) != perms::none )
                ++execs ;
    } ) ;

    std::cout
        << "Current directory has "
        << regular_files
        << " regular files.\n" ;
        << execs
        << " files are executable.\n" ;
}
```

このプログラムは、カレントディレクトリーにある通常のファイルの数と、実行可能なファイルの数を表示する。

ファイルパーミッションを表現する enum 型 perms は、パーミッションが不明な場合 perms::unknown になる。この値は 0xFFFF なのでビット演算をする場合には注意が必要だ。

それ以外の perms の値は POSIX に準拠しているが、perms は scoped enum 型なので、明示的なキャストが必要だ。

```
// エラー
std::filesystem::perms a = 0755 ;

// OK
std::filesystem::perms b = std::filesystem::perms(0755) ;
```

ファイルのタイプとパーミッションを書き換えるメンバー関数は以下のとおり。

```
void type(file_type ft) noexcept;
void permissions(perms prms) noexcept;
```

ただし、file_status というのは単なるキャッシュ用のクラスなので、file_status のタイプとパーミッションを「書き換える」というのは、単に file_status のオブジェクトに保持されている値を書き換えるだけで、物理ファイルシステムに反映されるものではない。物理ファイルシステムを書き換えるには、フリー関数の permissions を使う。

10.7 directory_entry

クラス`directory_entry`はファイルパス文字列を保持し、ファイルパスの指し示すファイルの情報を取得できるクラスだ。

物理ファイルシステムからファイルの情報を毎回読むのは非効率的だ。`directory_entry`はいわばファイル情報のキャッシュとしての用途を持つ。

`directory_entry`は物理ファイルシステムから情報を読み込むだけで、変更のコミットはしない。

`directory_entry`の構築は、コンストラクターに引数として`path`を与える他、`directory_iterator`と`recursive_directory_iterator`からも得ることができる。

```
int main()
{
    using namespace std::filesystem ;

    path p(".") ;

    // ファイルパス文字列から得る
    directory_entry e1(p) ;

    // イテレーターから得る
    directory_iterator i1(p) ;
    directory_entry e2 = *i1 ;

    recursive_directory_iterator i2(p) ;
    directory_entry e3 = *i2 ;
}
```

`directory_entry`にはさまざまなファイル情報を取得するメンバー関数があるが、これは同じ機能のものがフリー関数でも用意されている。`directory_entry`を使うと、ファイル情報をキャッシュできるため、同じファイルパスに対して、物理ファイルシステムの変更がないときに複数回のファイル情報取得を行うのが効率的になる。

```
int main()
{
    using namespace std::filesystem ;
```

```cpp
        directory_entry entry("/home/cpp/foo") ;

        // 存在確認
        bool b = entry.exists() ;

        // "/home/cpp/foo"
        path p = entry.path() ;
        file_status s = entry.status() ;

        // ファイルサイズを取得
        std::uintmax_t size = entry.file_size() ;

        {
            std::ofstream foo( entry.path() ) ;
            foo << "hello" ;
        }

        // 物理ファイルシステムから情報を更新
        entry.refresh() ;
        // もう一度ファイルサイズを取得
        size = entry.file_size() ;

        // 情報を取得するファイルパスを
        // "/home/cpp/bar"
        // に置き換えて refresh() を呼び出す
        entry.replace_filename("bar") ;
    }
```

`directory_entry` はキャッシュ用のクラスで、自動的に物理ファイルシステムの変更に追随しないので、最新の情報を取得するには、明示的にメンバー関数 `refresh` を呼び出す必要がある。

10.8 directory_iterator

`directory_iterator` は、あるディレクトリー下に存在するファイルパスをイテレーターの形式で列挙するためのクラスだ。

たとえば、カレントディレクトリー下のファイルパスをすべて列挙するコードは以下のようになる。

10.8 directory_iterator

```cpp
int main()
{
    using namespace std::filesystem ;
    directory_iterator iter("."), end ;
    std::copy( iter, end,
        std::ostream_iterator<path>(std::cout, "\n") ) ;
}
```

`directory_iterator` はコンストラクターとして `path` を渡すと、そのディレクトリー下の最初のファイルに相当する `directory_entry` を返すイテレーターとなる。コンストラクターで指定されたディレクトリー下にファイルが存在しない場合、終端イテレーターになる。

`directory_iterator` のデフォルトコンストラクターは終端イテレーターになる。終端イテレーターはデリファレンスできない。

`directory_iterator::value_type` は `directory_entry` で、イテレーターのカテゴリーは入力イテレーターとなる。

`directory_iterator` はカレントディレクトリー（.）と親ディレクトリー（..）は列挙しない。

`directory_iterator` がディレクトリー下のファイルをどのような順番で列挙するかは未規定だ。

`directory_iterator` によって返されるファイルパスは存在しない可能性があるので、ファイルが存在することを当てにしてはいけない。たとえば、存在しないファイルへのシンボリックリンクかもしれない。

`directory_iterator` のオブジェクトが作成された後に物理ファイルシステムになされた変更は、反映されるかどうか未規定である。

`directory_iterator` のコンストラクターは列挙時の動作を指定できる `directory_options` を実引数に受け取ることができる。しかし、C++17 の標準規格の範囲では `directory_iterator` の挙動を変更する `directory_options` は規定されていない。

10.8.1 エラー処理

`directory_iterator` は構築時にエラーが発生することがある。このエラーを例外ではなく `error_code` で受け取りたい場合、コンストラクターの実引数で `error_code` へのリファレンスを渡す。

```cpp
int main()
{
```

```
    using namespace std::filesystem ;

    std::error_code err ;

    directory_iterator iter("this-directory-does-not-exist", err) ;

    if ( err )
    {
        // エラー処理
    }
}
```

directory_iterator はインクリメント時にエラーが発生することがある。このエラーを例外ではなく error_code で受け取りたい場合、メンバー関数 increment を呼び出す。

```
int main()
{
    using namespace std::experimental::filesystem ;

    recursive_directory_iterator iter("."), end ;

    std::error_code err ;

    for ( ; iter != end && !err ; iter.increment( err ) )
    {
        std::cout << *iter << "\n" ;
    }

    if ( err )
    {
        // エラー処理
    }
}
```

10.9 recursive_directory_iterator

`recursive_directory_iterator` は指定されたディレクトリー下に存在するサブディレクトリーの下も含めて、すべてのファイルを列挙する。使い方は `directory_iterator` とほぼ同じだ。

```
int main()
{
    using namespace std::filesystem ;
    recursive_directory_iterator iter("."), end ;

    std::copy(  iter, end,
                std::ostream_iterator<path>(std::cout, "\n") ) ;
}
```

メンバー関数 options, depth, recursion_pending, pop, disable_recursion_pending をデリファレンスできないイテレーターに対して呼び出した際の挙動は未定義だ。

10.9.1 オプション

`recursive_directory_iterator` はコンストラクターの実引数に `directory_options` 型の scoped enum 値を取ることによって、挙動を変更できる。`directory_options` 型の enum 値はビットマスクになっていて、以下の3つのビットマスク値が規定されている。

名前	意味
none	デフォルト。ディレクトリーシンボリックリンクをスキップ。パーミッション違反はエラー
follow_directory_symlink	ディレクトリーシンボリックリンクの中も列挙
skip_permission_denied	パーミッション違反のディレクトリーはスキップ

このうち取りうる組み合わせは、none, follow_directory_symlink, skip_permission_denied, follow_directory_symlink | skip_permission_denied の4種類になる。

```
int main()
{
    using namespace std::filesystem ;
```

```cpp
    recursive_directory_iterator
        iter("/", directory_options::skip_permission_denied), end ;

    std::copy( iter, end,
               std::ostream_iterator<path>(std::cout, "\n") ) ;
}
```

 `follow_directory_symlink` は、親ディレクトリーへのシンボリックリンクが存在する場合、イテレーターが終端イテレーターに到達しない可能性があるので注意すること。

```cpp
int main()
{
    using namespace std::filesystem ;

    // 自分自身を含むディレクトリーに対するシンボリックリンク
    create_symlink(".", "foo") ;

    recursive_directory_iterator
        iter(".", directory_options::follow_directory_symlink), end ;

    // エラー、もしくは終了しない
    std::copy( iter, end, std::ostream_iterator<path>(std::cout) ) ;
}
```

 `recursive_directory_iterator` の現在の `directory_options` を得るには、メンバー関数 `options` を呼ぶ。

```cpp
class recursive_directory_iterator {
public :
    directory_options options() const ;
} ;
```

10.9.2　depth：深さ取得

 `recursive_directory_iterator` が現在列挙しているディレクトリーの深さを知るには、メンバー関数 `depth` を呼ぶ。

```cpp
class recursive_directory_iterator {
public :
```

```
       int depth() const ;
    } ;
```

最初のディレクトリーの深さは 0 で、次のサブディレクトリーの深さは 1、それ以降のサブディレクトリーも同様に続く。

10.9.3　pop : 現在のディレクトリーの列挙中止

メンバー関数 pop を呼ぶと、現在列挙中のディレクトリーの列挙を取りやめ、親ディレクトリーに戻る。現在のディレクトリーが初期ディレクトリーの場合、つまり depth() == 0 の場合は、終端イテレーターになる。

```
class recursive_directory_iterator {
public :
    void pop();
    void pop(error_code& ec);
} ;
```

たとえば、カレントディレクトリーが以下のようなディレクトリーツリーで、イテレーターが以下に書かれた順番でファイルを列挙する環境の場合、

```
a
b
b/a
b/c
b/d
c
d
```

以下のようなプログラムを実行すると、

```
int main()
{
    std::filesystem ;

    recursive_directory_iterator iter("."), end ;

    auto const p = canonical("b/a") ;

    for ( ; iter != end ; ++iter )
    {
```

```
            std::cout << *iter << '\n' ;

            if ( canonical(iter->path()) == p )
                iter.pop() ;
    }
}
```

標準出力が指すファイルとその順番は以下のようになる。

```
a
b
b/a
c
d
```

"b/a" に到達した時点で pop() が呼ばれるので、それ以上のディレクトリー b 下の列挙が中止され、親ディレクトリーであるカレントディレクトリーに戻る。

10.9.4　recursion_pending：現在のディレクトリーの再帰をスキップ

disable_recursion_pending は現在のディレクトリーの下を再帰的に列挙することをスキップする機能だ。

```
class recursive_directory_iterator {
public :
    bool recursion_pending() const ;
    void disable_recursion_pending() ;
} ;
```

recursion_pending() は、直前のイテレーターのインクリメント操作の後にdisable_recursion_pending() が呼ばれていない場合、true を返す。そうでない場合は false を返す。

言い換えれば、disable_recursion_pending() を呼んだ直後で、まだイテレーターのインクリメント操作をしていない場合、recursion_pending() は false を返す。

```
int main()
{
    using namespace std ;
    recursive_directory_iterator iter("."), end ;

    // true
```

10.9 recursive_directory_iterator

```
    bool b1 = iter.recursion_pending() ;

    iter.disable_recursion_pending() ;
    // false
    bool b2 = iter.recursion_pending() ;

    ++iter ;
    //  true
    bool b3 = iter.recursion_pending() ;


    iter.disable_recursion_pending() ;
    // false
    bool b4 = iter.recursion_pending() ;
}
```

現在 `recursive_directory_iterator` が指しているファイルパスがディレクトリーである場合、そのイテレーターをインクリメントすると、そのディレクトリー下を再帰的に列挙することになる。しかし、`recursion_pending()` が `false` を返す場合、ディレクトリーの最適な列挙はスキップされる。インクリメント操作が行われた後は `recursion_pending()` の結果は `true` に戻る。

つまり、`disable_recursion_pending` は、現在指しているディレクトリー下を再帰的に列挙することをスキップする機能を提供する。

たとえば、カレントディレクトリーが以下のようなディレクトリーツリーで、イテレーターが以下に書かれた順番でファイルを列挙する環境の場合、

```
a
b
b/a
b/c
b/d
c
d
```

以下のようなプログラムを実行すると、

```
int main()
{
    std::filesystem ;
```

253

```cpp
        recursive_directory_iterator iter("."), end ;

        auto const p = canonical("b/a") ;

        for ( ; iter != end ; ++iter )
        {
            std::cout << *iter << '\n' ;

            if ( iter->is_directory() )
                iter.disable_recursion_pending() ;
        }
    }
```

標準出力が指すファイルとその順番は以下のようになる。

```
a
b
c
d
```

このプログラムはディレクトリーであれば必ず`disable_recursion_pending()`が呼ばれるので、サブディレクトリーの再帰的な列挙は行われず、結果的に動作は`directory_iterator`と同じになる。

`disable_recursion_pending`を呼び出すことによって、選択的にディレクトリーの再帰的な列挙をスキップさせることができる。

10.10　ファイルシステム操作関数

10.10.1　ファイルパス取得

current_path

```
path current_path();
path current_path(error_code& ec);
```

カレント・ワーキング・ディレクトリー（current working directory）への絶対パスを返す。

temp_directory_path

```
path temp_directory_path();
path temp_directory_path(error_code& ec);
```

一時ファイルを作成するのに最適な一時ディレクトリー（temporary directory）へのファイルパスを返す。

10.10.2　ファイルパス操作

absolute

```
path absolute(const path& p);
path absolute(const path& p, error_code& ec);
```

pへの絶対パスを返す。pの指すファイルが存在しない場合の挙動は未規定。

canonical

```
path canonical(const path& p, const path& base = current_path());
path canonical(const path& p, error_code& ec);
path canonical(const path& p, const path& base, error_code& ec);
```

存在するファイルへのファイルパスpへの、シンボリックリンク、カレントディレクトリー（.）、親ディレクトリー（..）の存在しない絶対パスを返す。

weakly_canonical

```
path weakly_canonical(const path& p);
path weakly_canonical(const path& p, error_code& ec);
```

ファイルパス p のシンボリックリンクが解決され、正規化されたパスを返す。ファイルパスの正規化についての定義は長くなるので省略。

relative

```
path relative(const path& p, error_code& ec);
path relative(const path& p, const path& base = current_path());
path relative(const path& p, const path& base, error_code& ec);
```

ファイルパス base からファイルパス p に対する相対パスを返す。

proximate

```
path proximate(const path& p, error_code& ec);
path proximate(const path& p, const path& base = current_path());
path proximate(const path& p, const path& base, error_code& ec);
```

ファイルパス base からのファイルパス p に対する相対パスが空パスでなければ相対パスを返す。相対パスが空パスならば p が返る。

10.10.3 作成

create_directory

```
bool create_directory(const path& p);
bool create_directory(const path& p, error_code& ec) noexcept;
```

p の指すディレクトリーを 1 つ作成する。新しいディレクトリーが作成できた場合は true を、作成できなかった場合は false を返す。p が既存のディレクトリーを指していて新しいディレクトリーが作成できなかった場合はエラーにはならない。単に false が返る。

```
bool create_directory(
    const path& p, const path& existing_p);

bool create_directory(
    const path& p, const path& existing_p,
    error_code& ec) noexcept;
```

新しく作成するディレクトリー p のアトリビュートを既存のディレクトリー existing_p と同じものにする。

10.10　ファイルシステム操作関数

create_directories

```
bool create_directories(const path& p);
bool create_directories(const path& p, error_code& ec) noexcept;
```

ファイルパス p の中のディレクトリーで存在しないものをすべて作成する。

以下のプログラムは、カレントディレクトリーの下のディレクトリー a の下のディレクトリー b の下にディレクトリー c を作成する。もし、途中のディレクトリーである a, b が存在しない場合、それも作成する。

```
int main()
{
    using namespace std::filesystem ;
    create_directories("./a/b/c") ;
}
```

戻り値は、ディレクトリーを作成した場合 true, そうでない場合 false。

create_directory_symlink

```
void create_directory_symlink(
    const path& to, const path& new_symlink);
void create_directory_symlink(
    const path& to, const path& new_symlink,
    error_code& ec) noexcept;
```

ディレクトリー to に解決されるシンボリックリンク new_symlink を作成する。

一部の OS では、ディレクトリーへのシンボリックリンクとファイルへのシンボリックリンクを作成時に明示的に区別する必要がある。ポータブルなコードはディレクトリーへのシンボリックリンクを作成するときには create_symlink ではなく create_directory_symlink を使うべきである。

一部の OS はシンボリックリンクをサポートしていない。ポータブルなコードでは注意すべきである。

create_symlink

```
void create_symlink(
    const path& to, const path& new_symlink);
void create_symlink(
    const path& to, const path& new_symlink,
    error_code& ec) noexcept;
```

ファイルパス to に解決されるシンボリックリンク new_symlink を作成する。

create_hard_link

```
void create_hard_link(
    const path& to, const path& new_hard_link);
void create_hard_link(
    const path& to, const path& new_hard_link,
    error_code& ec) noexcept;
```

ファイルパス to に解決されるハードリンク new_hard_link を作成する。

10.10.4　コピー

copy_file

```
bool copy_file( const path& from, const path& to);
bool copy_file( const path& from, const path& to,
                error_code& ec) noexcept;
bool copy_file( const path& from, const path& to,
                copy_options options);
bool copy_file( const path& from, const path& to,
                copy_options options,
                error_code& ec) noexcept;
```

ファイルパス from のファイルをファイルパス to にコピーする。

copy_options はコピーの挙動を変えるビットマスクの enum 型で、以下の enum 値がサポートされている。

名前	意味
none	デフォルト、ファイルがすでに存在する場合はエラー
skip_existing	既存のファイルを上書きしない。スキップはエラーとして報告しない
overwrite_existing	既存のファイルを上書きする
update_existing	既存のファイルが上書きしようとするファイルより古ければ上書きする

copy

```
void copy( const path& from, const path& to);
void copy( const path& from, const path& to,
```

10.10 ファイルシステム操作関数

```
                  error_code& ec) noexcept;
    void copy( const path& from, const path& to,
               copy_options options);
    void copy( const path& from, const path& to,
               copy_options options,
               error_code& ec) noexcept;
```

ファイルパス `from` のファイルをファイルパス `to` にコピーする。

`copy_options` はコピーの挙動を変えるビットマスク型の `enum` 型で、以下の `enum` 値がサポートされている。

- サブディレクトリーに関する指定

名前	意味
none	デフォルト、サブディレクトリーはコピーしない
recursive	サブディレクトリーとその中身もコピーする

- シンボリックリンクに関する指定

名前	意味
none	デフォルト、シンボリックリンクをフォローする
copy_symlinks	シンボリックリンクをシンボリックリンクとしてコピーする。シンボリックリンクが指すファイルを直接コピーしない
skip_symlinks	シンボリックリンクを無視する

- コピー方法に関する指定

名前	意味
none	デフォルト、ディレクトリー下の中身をコピーする
directories_only	ディレクトリー構造のみをコピーする。非ディレクトリーファイルはコピーしない
create_symlinks	ファイルをコピーするのではなく、シンボリックリンクを作成する。コピー先がカレントディレクトリーではない場合、コピー元のファイルパスは絶対パスでなければならない
create_hard_links	ファイルをコピーするのではなく、ハードリンクを作成する

copy_symlink

```
void copy_symlink(  const path& existing_symlink,
                    const path& new_symlink);
void copy_symlink(  const path& existing_symlink,
                    const path& new_symlink,
                    error_code& ec) noexcept;
```

existing_symlink を new_symlink にコピーする。

10.10.5 削除

remove

```
bool remove(const path& p);
bool remove(const path& p, error_code& ec) noexcept;
```

ファイルパス p の指すファイルが存在するのであれば削除する。ファイルがシンボリックリンクの場合、シンボリックリンクファイルが削除される。フォロー先は削除されない。

戻り値として、ファイルが存在しない場合 false を返す。それ以外の場合 true を返す。error_code でエラー通知を受け取る関数オーバーロードでは、エラーならば false が返る。

remove_all

```
uintmax_t remove_all(const path& p);
uintmax_t remove_all(const path& p, error_code& ec) noexcept;
```

ファイルパス p の下の存在するファイルをすべて削除した後、p の指すファイルも削除する。

つまり、p がディレクトリーファイルを指していて、そのディレクトリー下にサブディレクトリーやファイルが存在する場合、それらがすべて削除され、ディレクトリー p も削除される。

p がディレクトリーではないファイルを指す場合、p が削除される。

戻り値として、削除したファイルの個数が返る。error_code でエラー通知を受け取る関数オーバーロードの場合、エラーならば static_cast<uintmax_t>(-1) が返る。

10.10.6 変更
permissions

```
void permissions(   const path& p, perms prms,
                    perm_options opts=perm_options::replace);
void permissions(   const path& p, perms prms,
                    error_code& ec) noexcept;
void permissions(   const path& p, perms prms,
                    perm_options opts,
                    error_code& ec);
```

ファイルパス p のパーミッションを変更する。

opts は perm_options 型の enum 値、replace, add, remove のうちいずれか 1 つと、別途 nofollow を指定することができる。省略した場合は replace になる。

カレントディレクトリーに存在するファイル foo を、すべてのユーザーに対して実行権限を付加するには、以下のように書く。

```
int main()
{
    using namespace std::filesystem ;

    permissions( "./foo", perms(0111), perm_options::add ) ;
}
```

perm_options は以下のような enum 値を持つ。

名前	意味
replace	ファイルのパーミッションを prms で置き換える
add	ファイルのパーミッションに prms で指定されたものを追加する
remove	ファイルのパーミッションから prms で指定されたものを取り除く
nofollow	ファイルがシンボリックリンクの場合、シンボリックリンクのフォロー先のファイルではなく、シンボリックリンクそのもののパーミッションを変更する

たとえば、パーミッションを置き換えつつ、シンボリックリンクそのもののパーミッションを書き換えたい場合は、

```
perm_options opts = perm_options::replace | perm_options::nofollow ;
```

と書く。

rename

```
void rename(const path& old_p, const path& new_p);
void rename(const path& old_p, const path& new_p,
            error_code& ec) noexcept;
```

ファイル old_p をファイル new_p にリネームする。

old_p と new_p が同じ存在するファイルを指す場合、何もしない。

```
int main()
{
    using namespace std:filesystem ;

    // 何もしない
    rename("foo", "foo") ;
}
```

それ以外の場合、リネームに伴って以下のような挙動も発生する。

もし、リネーム前に new_p が既存のファイルを指していた場合、リネームに伴って new_p は削除される。

```
int main()
{
    using namespace std::experimental::filesystem ;

    {
        std::ofstream old_p("old_p"), new_p("new_p") ;

        old_p << "old_p" ;
        new_p << "new_p" ;
    }

    // ファイル old_p の内容は"old_p"
    // ファイル new_p の内容は"new_p"

    // ファイル old_p を new_p にリネーム
    // もともとの new_p は削除される
    rename("old_p", "new_p") ;
```

```cpp
    std::ifstream new_p("new_p") ;

    std::string text ;
    new_p >> text ;

    // "old_p"
    std::cout << text ;
}
```

もし、`new_p` が既存の空ディレクトリーを指していた場合、POSIX 準拠 OS であれば、リネームに伴って `new_p` は削除される。他の OS ではエラーになるかもしれない。

```cpp
int main()
{
    using namespace std::experimental::filesystem ;

    create_directory("old_p") ;
    create_directory("new_p") ;

    // POSIX 準拠環境であればエラーにならないことが保証される
    rename("old_p", "new_p") ;
}
```

`old_p` がシンボリックリンクの場合、フォロー先ではなくシンボリックリンクファイルがリネームされる。

resize_file

```cpp
void resize_file(   const path& p, uintmax_t new_size);
void resize_file(   const path& p, uintmax_t new_size,
                    error_code& ec) noexcept;
```

ファイルパス `path` の指すファイルのファイルサイズを `new_size` にする。

リサイズは POSIX の `truncate()` で行われたかのように振る舞う。つまり、ファイルを小さくリサイズした場合、余計なデータは捨てられる。ファイルを大きくリサイズした場合、増えたデータは null バイト（`\0`）でパディングされる。ファイルの最終アクセス日時も更新される。

10.10.7 情報取得

ファイルタイプの判定

ファイルタイプを表現する `file_type` 型の enum があり、その enum 値は以下のようになっている。

名前	意味
none	ファイルタイプが決定できないかエラー
not_found	ファイルが発見できなかったことを示す疑似ファイルタイプ
regular	通常のファイル
directory	ディレクトリーファイル
symlink	シンボリックリンクファイル
block	ブロックスペシャルファイル
fifo	FIFO もしくはパイプファイル
socket	ソケットファイル
unknown	ファイルは存在するがファイルタイプは決定できない

この他に、実装依存のファイルタイプが追加されている可能性がある。

ファイルタイプを調べるには、`file_status` のメンバー関数 `type` の戻り値を調べればよい。

以下のプログラムは、カレントディレクトリーに存在するファイル foo がディレクトリーかどうかを調べるコードだ。

```
int main()
{
    using namespace std::filesystem ;

    auto s = status("./foo") ;
    bool b = s.type() == file_type::directory ;
}
```

また、`status` もしくは `path` からファイルタイプがディレクトリーであるかどうかを判定できる `is_directory` も用意されている。

```
int main()
{
    using namespace std::filesystem ;

    bool b1 = is_directory("./foo") ;
```

```
        auto s = status("./foo") ;
        bool b2 = is_directory(s) ;
    }
```

`file_status` はファイル情報をキャッシュするので、物理ファイルシステムに変更を加えない状態で、同じファイルに対して何度もファイル情報を取得する場合は、`file_status` を使ったほうがよい。

このような `is_x` という形式のフリー関数は、いずれも以下の形式を取る。

```
bool is_x(file_status s) noexcept;
bool is_x(const path& p);
bool is_x(const path& p, error_code& ec) noexcept;
```

以下はフリー関数の名前と、どのファイルタイプであるかを判定する表だ。

名前	意味
`is_regular_file`	通常のファイル
`is_directory`	ディレクトリーファイル
`is_symlink`	シンボリックリンクファイル
`is_block`	ブロックスペシャルファイル
`is_fifo`	FIFO もしくはパイプファイル
`is_socket`	ソケットファイル

また、単一のファイルタイプを調べるのではない以下のような名前のフリー関数が存在する。

名前	意味
`is_other`	ファイルが存在し、通常のファイルでもディレクトリーでもシンボリックリンクでもないタイプ
`is_empty`	ファイルがディレクトリーの場合、ディレクトリー下が空であれば **true** を返す。ファイルが非ディレクトリーの場合、ファイルサイズが 0 であれば **true** を返す。

status

```
file_status status(const path& p);
file_status status(const path& p, error_code& ec) noexcept;
```

ファイルパス p のファイルの情報を格納する file_status を返す。
p がシンボリックリンクの場合、フォロー先のファイルの file_status を返す。

status_known

```
bool status_known(file_status s) noexcept;
```

s.type() != file_type::none を返す。

symlink_status

```
file_status symlink_status(const path& p);
file_status symlink_status(const path& p, error_code& ec) noexcept;
```

status と同じだが、p がシンボリックリンクの場合、そのシンボリックリンクファイルの status を返す。

equivalent

```
bool equivalent(const path& p1, const path& p2);
bool equivalent(const path& p1, const path& p2,
                error_code& ec) noexcept;
```

p1 と p2 が物理ファイルシステム上、同一のファイルである場合、true を返す。そうでない場合 false を返す。

exists

```
bool exists(file_status s) noexcept;
bool exists(const path& p);
bool exists(const path& p, error_code& ec) noexcept;
```

s, p が指すファイルが存在するのであれば true を返す。そうでない場合 false を返す。

file_size

```
uintmax_t file_size(const path& p);
uintmax_t file_size(const path& p, error_code& ec) noexcept;
```

pの指すファイルのファイルサイズを返す。

ファイルが存在しない場合エラーとなる。ファイルが通常のファイルの場合、ファイルサイズを返す。それ以外の場合、挙動は実装依存となる。

エラー通知を `error_code` で受け取る関数オーバーロードでエラーのとき、戻り値は `static_cast<uintmax_t>(-1)` となる。

hard_link_count

```
uintmax_t hard_link_count(const path& p);
uintmax_t hard_link_count(const path& p, error_code& ec) noexcept;
```

pの指すファイルのハードリンク数を返す。

エラー通知を `error_code` で受け取る関数オーバーロードでエラーのとき、戻り値は `static_cast<uintmax_t>(-1)` となる。

last_write_time

```
file_time_type last_write_time( const path& p);
file_time_type last_write_time( const path& p,
                                error_code& ec) noexcept;
```

pの指すファイルの最終更新日時を返す。

```
void last_write_time(   const path& p, file_time_type new_time);
void last_write_time(   const path& p, file_time_type new_time,
                        error_code& ec) noexcept;
```

pの指すファイルの最終更新日時を `new_time` にする。

`last_write_time(p, new_time)` を呼び出した後に、`last_write_time(p) == new_time` である保証はない。なぜならば、物理ファイルシステムの実装に起因する時刻の分解能や品質の問題があるからだ。

`file_time_type` は、`std::chrono_time_point` の特殊化で以下のように定義されている。

```
namespace std::filesystem {
    using file_time_type = std::chrono::time_point< trivial-clock > ;
}
```

trivial-clock とは、クロック（より正確には TrivialClock）の要件を満たすクロックで、ファイルシステムのタイムスタンプの値を正確に表現できるものとされている。クロックの具体的な型は実装依存なので、完全にポータブルなコードではファ

第10章 ファイルシステム

イルシステムで時間を扱うのは極めて困難になる。せいぜい現在時刻を設定するとか、差分の時間を設定するぐらいしかできない。

```cpp
int main()
{
    using namespace std::experimental::filesystem ;
    using namespace std::chrono ;
    using namespace std::literals ;

    // 最終更新日時を取得
    auto timestamp = last_write_time( "foo" ) ;

    // 時刻を1時間進める
    timestamp += 1h ;
    // 更新
    last_write_time( "foo", timestamp ) ;


    // 現在時刻を取得
    auto now = file_time_type::clock::now() ;

    last_write_time( "foo", now ) ;
}
```

ただし、多くの実装では `file_time_type` として、`time_point<std::chrono::system_clock>` が使われている。`file_time_type::clock` が `system_clock` であれば、`system_clock::to_time_t` と `system_clock::from_time_t` によって `time_t` 型との相互変換ができるために、いくぶんマシになる。

```cpp
// file_time_type::clock が system_clock である場合

int main()
{
    using namespace std::experimental::filesystem ;
    using namespace std::chrono ;

    // 最終更新日時を文字列で得る
    auto time_point_value = last_write_time( "foo" ) ;
    time_t time_t_value =
```

```
            system_clock::to_time_t( time_point_value ) ;
    std::cout << ctime( &time_t_value ) << '\n' ;


    // 最終更新日時を 2017-10-12 19:02:58 に設定
    tm struct_tm{} ;
    struct_tm.tm_year = 2017 - 1900 ;
    struct_tm.tm_mon = 10 ;
    struct_tm.tm_mday = 12 ;
    struct_tm.tm_hour = 19 ;
    struct_tm.tm_min = 2 ;
    struct_tm.tm_sec = 58 ;

    time_t timestamp = std::mktime( &struct_tm ) ;
    auto tp = system_clock::from_time_t( timestamp ) ;

    last_write_time( "foo", tp ) ;
}
```

あまりマシになっていないように見えるのは、C++ では現在 `<chrono>` から利用できる C++ 風のモダンなカレンダーライブラリがないからだ。この問題は将来の規格改定で改善されるだろう。

read_symlink

```
path read_symlink(const path& p);
path read_symlink(const path& p, error_code& ec);
```

シンボリックリンク p の解決される先のファイルパスを返す。
p がシンボリックリンクではない場合はエラーになる。

space

```
space_info space(const path& p);
space_info space(const path& p, error_code& ec) noexcept;
```

ファイルパス p が指す先の容量を取得する。
クラス `space_info` は以下のように定義されている。

```
struct space_info {
    uintmax_t capacity;
```

```
        uintmax_t free;
        uintmax_t available;
    };
```

この関数は、POSIX の `statvfs` 関数を呼び出した結果の `struct statvfs` の `f_blocks`, `f_bfree`, `f_bavail` メンバーを、それぞれ `f_frsize` で乗じて、`space_info` のメンバー `capacity`, `free`, `available` として返す。値の決定できないメンバーには `static_cast<uintmax_t>(-1)` が代入される。

エラー通知を `error_code` で返す関数オーバーロードがエラーの場合、`space_info` のメンバーにはすべて `static_cast<uintmax_t>(-1)` が代入される。

`space_info` のメンバーの意味をわかりやすく説明すると、以下の表のようになる。

名前	意味
capacity	総容量
free	空き容量
available	権限のないユーザーが使える空き容量

索引

■ 記号・数字
*this, 34
::value, 23
<algorithm>, 157, 161, 187, 226
<any>, 107
<atomic>, 227
<chrono>, 269
<cmath>, 169, 227
<cstddef>, 83
<execution>, 160, 165
<filesystem>, 231
<functional>, 183, 199, 200
<iterator>, 225
<memory>, 201
<memory_resource>, 137
<new>, 180
<numeric>, 228
<optional>, 113
<system_error>, 233
<tuple>, 198
<type_traits>, 205, 206
<utility>, 197
<variant>, 87
[[deprecated]] 属性, 6
[[fallthrough]] 属性, 40
[[maybe_unused]] 属性, 44
[[nodiscard]] 属性, 42
__cpp_aggregate_nsdmi, 25
__cpp_binary_literals, 5
__cpp_capture_star_this, 38
__cpp_constexpr, 24, 39
__cpp_decltype_auto, 14
__cpp_deduction_guides, 62
__cpp_fold_expressions, 34
__cpp_generic_lambdas, 15
__cpp_hex_float, 28
__cpp_if_constexpr, 58
__cpp_init_captures, 18
__cpp_inline_variables, 82
__cpp_nested_namespace_definitions, 40
__cpp_noexcept_function_type, 30
__cpp_return_type_deduction, 9
__cpp_rvalue_references, 2
__cpp_sized_deallocation, 26
__cpp_static_assert, 40
__cpp_structured_bindings, 77
__cpp_template_auto, 63
__cpp_variable_templates, 23
__cpp_variadic_using, 83
__has_cpp_attribute(deprecated), 8
__has_cpp_attribute(fallthrough), 42
__has_cpp_attribute(maybe_unused), 46
__has_cpp_attribute(nodiscard), 44
__has_cpp_attribute 式, 4
__has_include 式, 3
__USE_RVALUE_REFERENCES, 2
_v 版, 23, 206
0B, 5
0b, 5
0x, 27
16 進数浮動小数点数リテラル, 27
3 次元 hypot, 226

■ A
absolute, 255
addressof, 201
all_of, 157, 160
allocate, 138, 154
any, 87, 107
 any_cast<T>, 112
 emplace, 108, 109
 has_value, 110
 make_any<T>, 111
 reset, 109
 std::in_place_type<T>, 108
 swap, 110
 type, 111
 構築, 107
 代入, 108
 破棄, 107
any_cast<T>, 112
The Art of Computer Programming, 187
as_const, 197
auto, 8, 63

索引

厳格な～, 9

■ B
basic_string_view, 127
BinaryOperation, 161
BinaryOperation1, 161
BinaryOperation2, 161
BinaryPredicate, 161
bool, 118
bool_constant, 206
Boyer–Moore–Horspool 検索アルゴリズム, 186
Boyer–Moore 文字列検索アルゴリズム, 184

■ C
C++03, v
C++11, v
C++14, v, 5
  コア言語, 5
C++17, vi, 1, 27
  コア言語, 27
C++20, vi
C++98, v
c_str, 238
canonical, 255
char, 125, 236
CHAR_BIT, 83
char16_t, 125, 236
char32_t, 125, 236
clamp, 226
clear, 234
Compare, 161
conjunction, 207
constexpr, 23, 38
constexpr if 文, 47
  解決できない問題, 56
  解決できる問題, 57
copy, 258
copy_file, 258
copy_options, 258, 259
copy_symlink, 260
create_directories, 257
create_directory, 256
create_directory_symlink, 257
create_hard_link, 258
create_symlink, 257
current_path, 255
C プリプロセッサー, vi, 1

■ D
data, 225
deallocate, 138, 154
decltype(auto), 9
delete, 25
depth, 250
destroy, 204
directory_entry, 243, 245

directory_iterator, 245, 246
  error_code, 247
  increment, 248
directory_options, 247, 249
disable_recursion_pending, 252
discarded statement, 53
disjunction, 207
do_allocate, 139, 148, 153
do_deallocate, 139, 153
do_is_equal, 139

■ E
emplace, 92, 94, 108, 109, 213
  戻り値, 212
emplace_back, 212
emplace_front, 212
empty, 225
equivalent, 266
error_code, 234, 247
ExecutionPolicy, 160, 161
exists, 266
extract, 219

■ F
false_type, 209
file_size, 266
file_status, 242, 264, 265
file_time_type, 267
file_type, 243, 264
filesystem_error, 233
fold 式, 30
  単項～, 31, 32
  二項～, 31, 33
  左～, 31, 33
  右～, 31, 33
follow_directory_symlink, 250
for-range 宣言, 69
free, 140

■ G
gcd, 228
generic_string, 240
get<I>(v), 100
get<T>(v), 102
get_default_resource, 143, 144
get_if<I>(vp), 102
get_if<T>(vp), 102

■ H
hard_link_count, 267
has_unique_object_representations<T>, 210
has_value, 110, 117
holds_alternative<T>(v), 99
hypot, 226

I

if constexpr, 47
in_place_type, 123
increment, 248
index, 96
inline
　関数, 77
　キーワード, 77
　展開, 77
　変数, 77, 80
insert, 220
insert_or_assign, 214
insert_return_type, 222
integral_constant, 206
IntType, 86
INVOKE, 199
invoke, 199
is_always_lock_free, 227
is_directory, 264
is_equal, 138
is_invocable, 209
is_invocable_r, 209
is_lock_free, 227
is_nothrow_invocable, 209
is_nothrow_invocable_r, 209
is_nothrow_swappable<T>, 211
is_nothrow_swappable_with<T, U>, 211
is_x, 265
ISO/IEC 14882, v

K

key, 218

L

largest_required_pool_block, 151
last_write_time, 267
lcm, 229
lock, 165
lock_guard, 227

M

make_any<T>, 111
make_from_tuple, 198
make_optional<T, Args ...>, 123
make_optional<T>, 123
malloc, 140, 145
map, 212, 215
　key, 218
　mapped, 218
mapped, 218
max_blocks_per_chunk, 151
memory_resource, 137
　allocate, 138
　deallocate, 138
　do_allocate, 139, 148
　do_deallocate, 139
　do_is_equal, 139
　free, 140
　get_default_resource, 144
　is_equal, 138
　malloc, 140
　new_delete_resource, 143
　null_memory_resource, 144
　set_default_resource, 144
merge, 215
monotonic_buffer_resource, 142, 152
multi_map, 212
multimap, 215
multiset, 215
mutable, 37
mutex, 165

N

native, 238
negation, 208
new, 145
new_delete_resource, 143
node_type, 217
noexcept, 29
not_fn, 200
not1, 201
not2, 201
null_memory_resource, 144
null 終端, 125, 130

O

ODR（One Definition Rule）, 79
operator (), 14, 38
operator delete, 25
optional, 87, 113
　bool, 118
　has_value, 117
　in_place_type, 123
　make_optional<T, Args ...>, 123
　make_optional<T>, 123
　reset, 120
　std::bad_optional_access, 119
　std::in_place_type<T>, 116
　std::nullopt, 115, 122
　swap, 117
　value, 119
　value_or, 119
　構築, 115
　代入, 116
　テンプレート実引数, 115
　破棄, 117
　比較, 120
options, 152, 250

P

parallel_policy, 164, 165
parallel_unsequenced_policy, 164, 165

273

path, 235, 241
path::string_type, 239
path::value_type, 236
perm_options, 261
permissions, 243, 261
perms, 243
polymorphic_allocator, 141
 コンストラクター, 143
pool_options, 149, 150
pop, 251
Predicate, 161
preferred_separator, 236
proximate, 256

■ Q
queue, 212

■ R
read_symlink, 269
recursion_pending, 252
recursive_directory_iterator, 245, 249
 depth, 250
 directory_options, 249
 disable_recursion_pending, 252
 follow_directory_symlink, 250
 options, 250
 pop, 251
 recursion_pending, 252
refresh, 246
relative, 256
release, 151, 156
remove, 260
remove_all, 260
remove_prefix, 134
remove_suffix, 134
rename, 262
reset, 109, 120
resize_file, 263
rvalue リファレンス, 1

■ S
scoped enum, 84
searcher, 183
sequenced_policy, 163
set, 215
 value, 218
set_default_resource, 144
SFINAE, 39
shared_ptr::weak_type, 205
shared_ptr<T[]>, 197
size, 225
space, 269
space_info, 269, 270
splice, 215
stack, 212
static_assert
 文字列なし, 39
status, 243, 266
status_known, 266
statvfs, 270
std::any, 107
std::apply, 182
std::bad_alloc, 165
std::bad_optional_access, 119
std::basic_string, 127
std::basic_string_view, 127
std::boyer_moore_horspool_searcher, 186
std::boyer_moore_searcher, 184
std::byte, 83, 228
std::chrono_time_point, 267
std::default_searcher, 183
std::error_code, 233, 234
std::execution::par, 160
std::execution::par_unseq, 160
std::execution::seq, 160
std::false_type, 206
std::filesystem, 231
std::filesystem::filesystem_error, 233
std::filesystem::path, 235
std::for_each, 162
std::hardware_constructive_interference_size, 180
std::hardware_destructive_interference_size, 180
std::in_place_type<T>, 92, 108, 116
std::integral_constant, 23
std::is_execution_policy<T>, 166
std::monostate, 91
std::nullopt, 115, 122
std::pmr::memory_resource, 137
std::pmr::polymorphic_allocator, 141
std::sample, 187
std::scoped_lock, 227
std::size_t, 25
std::string, 127
 ユーザー定義リテラル, 134
std::string_view, 127
 ユーザー定義リテラル, 134
std::terminate, 165
std::true_type, 206
std::tuple_size<E>, 73
std::uncaught_exception, 180
std::uncaught_exceptions, 180, 181
std::variant_alternative<I, T>, 98
std::variant_size<T>, 97
std::visit, 106
string, 240
string_type, 236, 239
string_view, 125
 remove_prefix, 134
 remove_suffix, 134
 構築, 130

操作, 132
変換関数, 131
swap, 97, 110, 117
symlink_status, 266
synchronized_pool_resource, 147, 149

■ T

temp_directory_path, 255
traits, 23
 変数テンプレート版, 206
 論理演算, 207
trivial-clock, 268
true_type, 209
try_emplace, 212
tuple, 182, 198
type, 111, 243
typedef 名, 20

■ U

u16string, 240
u16string_view, 127
u32string, 240
u8, 28
u8path, 237
UnaryOperation, 161
uninitialized_copy, 203
uninitialized_default_construct, 202
uninitialized_fill, 204
uninitialized_move, 203
uninitialized_value_construct, 202
union, 87, 88
 型安全, 87
 型非安全, 88
unordered_map, 212, 215
unordered_multi_map, 212
unordered_multimap, 215
unordered_multiset, 215
unordered_set, 215
unsigned char, 83
unsynchronized_pool_resource, 147, 149
upstream_resource, 152, 156
using 属性名前空間, 63
UTF-16 エンコード, 236
UTF-32 エンコード, 236
UTF-8 エンコード, 236
UTF-8 文字リテラル, 28

■ V

value, 119, 218
value_or, 119
value_type, 236
valueless_by_exception, 95
variant, 87
 emplace, 92, 94
 get<I>(v), 100
 get<T>(v), 102

get_if<I>(vp), 102
get_if<T>(vp), 102
holds_alternative<T>(v), 99
index, 96
std::variant_alternative<I, T>, 98
std::variant_size<T>, 97
std::visit, 106
swap, 97
valueless_by_exception, 95
コピー初期化, 91
初期化, 90
宣言, 90
大小比較, 104
代入, 94
デフォルト初期化, 90
同一性の比較, 103
破棄, 94
void_t, 205

■ W

wchar_t, 125, 236
weak_type, 205
weakly_canonical, 255
wstring, 240

■ あ

アグリゲート初期化, 24
アライメント, 145
アルゴリズム R（保管標本）, 191
アルゴリズム S（選択標本）, 190
アロケーター, 137

■ え

エイリアス宣言, 20
エルミート多項式, 172
演算子の評価順序, 46

■ か

型
 IntType, 86
 scoped enum, 84
 std::byte, 83
 バイト, 83
型安全な
 union, 87
型が違う定数, 21
型指定子, 10
型非安全, 88
可変長 using 宣言, 82
可変長テンプレート, 30
関数型（例外指定）, 29
関数宣言, 19
関数テンプレート, 22
関数の戻り値の型推定, 8
完全型, 211

275

索引

■ き
機能テスト, 1
機能テストマクロ, 2
キャッシュメモリー, 179
キャッシュライン, 179
球ノイマン関数, 177
球面ルジャンドル陪関数, 171

■ く
クラス宣言, 19
クロージャーオブジェクト, 14, 38
クロージャー型, 14

■ け
厳格な auto, 9

■ こ
コア言語, vi
構造化束縛, 65
　完全形の名前, 73
　クラス, 75
　仕様, 70
　配列, 71
　非 static データメンバー, 76
　ビットフィールド, 76
構造化束縛宣言, 69
古典的な union, 88
コピーキャプチャー, 16, 34
コンテナーアクセス関数, 225
　data, 225
　empty, 225
　size, 225
コンパイル時条件分岐, 47, 50
コンパイル時定数, 48

■ さ
最小公倍数, 229
サイズ付き解放関数, 25
最大公約数, 228

■ し
ジェネリックラムダ, 14
シーケンス実行ポリシー, 166
指数積分, 178
実行ポリシーオブジェクト, 167
実行時ポリシー, 160
　std::execution::par, 160
　std::execution::par_unseq, 160
　std::execution::seq, 160
条件文
　初期化文付き〜, 58
条件分岐
　コンパイル時〜, 47, 50
　実行時の〜, 47
　プリプロセス時の〜, 49
初期化文付き条件文, 58

初期化ラムダキャプチャー, 15
シンボリックリンク, 258

■ す
推定ガイド, 61
数学の特殊関数, 169
　エルミート多項式, 172
　球ノイマン関数, 177
　球面ルジャンドル陪関数, 171
　指数積分, 178
　第 1 種完全楕円積分, 173
　第 1 種球ベッセル関数, 177
　第 1 種不完全楕円積分, 174
　第 1 種ベッセル関数, 175
　第 1 種変形ベッセル関数, 176
　第 2 種完全楕円積分, 173
　第 2 種不完全楕円積分, 174
　第 2 種変形ベッセル関数, 176
　第 3 種完全楕円積分, 173
　第 3 種不完全楕円積分, 175
　ノイマン関数, 175
　ベータ関数, 172
　ラゲール多項式, 170
　ラゲール陪多項式, 170
　リーマンゼータ関数, 178
　ルジャンドル多項式, 170
　ルジャンドル陪関数, 171
数値区切り文字, 5
スレッド, 158

■ せ
選択標本, 190

■ そ
属性トークン, 4, 64
属性名前空間, 64

■ た
第 1 種完全楕円積分, 173
第 1 種球ベッセル関数, 177
第 1 種不完全楕円積分, 174
第 1 種ベッセル関数, 175
第 1 種変形ベッセル関数, 176
第 2 種完全楕円積分, 173
第 2 種不完全楕円積分, 174
第 2 種変形ベッセル関数, 176
第 3 種完全楕円積分, 173
第 3 種不完全楕円積分, 175
畳み込み, 30
多値, 65
単項 fold 式, 31, 32
単純宣言, 69

■ て
定義は 1 つの原則, 79
定数

276

型が違う〜, 21
　コンパイル時〜, 48
ディレクトリ
　create_directories, 257
　create_directory, 256
　create_directory_symlink, 257
ディレクトリ区切り文字, 236
データ競合, 164
デッドロック, 164
テンプレート実引数の推定, 60
テンプレート宣言, 18–20

■ と
動的ストレージ, 137
動的ポリモーフィズム, 141
トライグラフ, 27

■ な
名前空間
　ネストされた〜, 40

■ に
二項 fold 式, 31, 33
二進数リテラル, 5

■ ね
ネイティブナローエンコード, 236
ネイティブワイドエンコード, 236
ネストされた名前空間, 40

■ の
ノイマン関数, 175
ノードハンドル, 217
　extract, 219
　insert, 220
　insert_return_type, 222
　key, 218
　mapped, 218
　node_type, 217
　value, 218
　取得, 219
　要素の追加, 220

■ は
バイト, 83
　ビット数, 83
ハードウェア干渉サイズ, 179
ハードリンク, 258
パーミッション, 242, 261
パラメーターパック, 30
パラレル実行ポリシー, 166
パラレル非シーケンス実行ポリシー, 167

■ ひ
非 static データメンバー, 24
非型テンプレートパラメーター, 63

非順序連想コンテナー, 215
　merge, 215
左 fold, 31, 33
非標準属性, 64

■ ふ
ファイルシステム, 231
ファイルタイプ, 264
ファイルのタイプ, 242
ファイルパス
　absolute, 255
　canonical, 255
　current_path, 255
　proximate, 256
　relative, 256
　temp_directory_path, 255
　weakly_canonical, 255
　取得, 255
　操作, 241, 255
ファイルパス文字列, 235
不完全型, 211
浮動小数点数サフィックス, 28
浮動小数点数リテラル, 27
プールリソース, 147
　largest_required_pool_block, 151
　max_blocks_per_chunk, 151
　options, 152
　pool_options, 149, 150
　release, 151
　synchronized_pool_resource, 147, 149
　unsynchronized_pool_resource, 147, 149
　upstream_resource, 152
　コンストラクター, 151
プレイスホルダー型, 10
プログラミング言語 C++, v

■ へ
並列アルゴリズム, 157, 159, 161
　BinaryOperation, 161
　BinaryOperation1, 161
　BinaryOperation2, 161
　BinaryPredicate, 161
　Compare, 161
　ExecutionPolicy, 160, 161
　lock, 165
　mutex, 165
　parallel_policy, 164, 165
　parallel_unsequenced_policy, 164, 165
　Predicate, 161
　sequenced_policy, 163
　std::bad_alloc, 165
　std::is_execution_policy<T>, 166
　std::terminate, 165
　UnaryOperation, 161
　シーケンス実行ポリシー, 166

索引

　　実行ポリシーオブジェクト, 167
　　実行時ポリシー, 160
　　データ競合, 164
　　デッドロック, 164
　　パラレル実行ポリシー, 166
　　パラレル非シーケンス実行ポリシー, 167
　　要素アクセス関数, 161
　　例外, 165
ベータ関数, 172
ヘッダーファイルの存在, 3
変数宣言, 20
変数テンプレート, 18, 22

■ ほ
保管標本, 191

■ ま
マジックナンバー, 21

■ み
右 fold, 31, 33

■ む
ムーブキャプチャー, 18

■ め
メモリーアロケーター, 145
メモリー管理アルゴリズム, 201
メモリーリソース, 137, 145
　　取得, 143
　　プールリソース, 147
　　モノトニックバッファーリソース, 152
メンバー初期化子, 24

■ も
文字型, 125
　　〜の配列, 125
文字列エンコード, 236
文字列なし `static_assert`, 39
文字列ビュー, 125

文字列ラッパー, 125
モノトニックバッファーリソース, 152
　　`allocate`, 154
　　`deallocate`, 154
　　`do_allocate`, 153
　　`do_deallocate`, 153
　　`monotonic_buffer_resource`, 152
　　`release`, 156
　　`upstream_resource`, 156
　　コンストラクター, 155

■ ゆ
ユーザー定義リテラル, 134

■ よ
要素アクセス関数, 161

■ ら
ライブラリ, vi
ラゲール多項式, 170
ラゲール陪多項式, 170
ラムダキャプチャー, 15
ラムダ式, 14, 15, 34, 38
乱択アルゴリズム, 187

■ り
リファレンスキャプチャー, 16
リーマンゼータ関数, 178

■ る
ルジャンドル多項式, 170
ルジャンドル陪関数, 171

■ れ
例外指定, 29
連想コンテナー, 215
　　`merge`, 215

■ ろ
論理演算 traits, 207

●本書に対するお問い合わせは、電子メール（info@asciidwango.jp）にてお願いいたします。
但し、本書の記述内容を越えるご質問にはお答えできませんので、ご了承ください。

江添亮の詳説 C++17

2018 年 3 月 9 日　初版発行

著　者　　江添 亮
　　　　　えぞえ　りょう

発行者　　川上量生

発　行　　株式会社ドワンゴ
　　　　　〒 104-0061
　　　　　東京都中央区銀座 4-12-15 歌舞伎座タワー
　　　　　編集 03-3549-6153
　　　　　電子メール info@asciidwango.jp
　　　　　http://asciidwango.jp/

発　売　　株式会社 KADOKAWA
　　　　　〒 102-8177
　　　　　東京都千代田区富士見 2-13-3
　　　　　営業 0570-002-301（カスタマーサポート・ナビダイヤル）
　　　　　受付時間 11：00〜17:00（土日 祝日 年末年始を除く）
　　　　　https://www.kadokawa.co.jp/

印刷・製本　株式会社リーブルテック
Printed in Japan

落丁・乱丁本はお取り替えいたします。下記 KADOKAWA 読者係までご連絡ください。
送料小社負担にてお取り替えいたします。
但し、古書店で本書を購入されている場合はお取り替えできません。
電話　049-259-1100（9:00-17:00/土日、祝日、年末年始を除く）
〒354-0041　埼玉県入間郡三芳町藤久保 550-1
定価はカバーに表示してあります。

ISBN978-4-04-893060-4 C3004

アスキードワンゴ編集部
編　集　　星野浩章